Un Diplomate au XVIIIe siècle. — L'abbé Dubois d'après les archives des affaires étrangères

Charles Aubertin

UN DIPLOMATE

AU DIX-HUITIEME SIECLE

L'ABBE DUBOIS

D'APRES LES ARCHIVES DU MINISTERE DES

AFFAIRES ETRANGERES

Correspondances diplomatiques : 1° Dubois en Angleterre (Hanovre), 1716. — 2° Dubois à La Haye, 1716-1717. — 3° Dubois ambassadeur à Londres, 1717-1718. — Dépôt des archives.

I

Dubois avait soixante ans en 1716, lorsque le régent, menacé à l'intérieur par la faction des légitimés, mal vu à Vienne, suspect à Madrid, en délicatesse avec l'Angleterre, qui lui reprochait sa connivence dans l'insurrection jacobite, imagina l'expédient d'envoyer au roi George un homme assez habile pour bien servir, et trop mince personnage pour compromettre un gouvernement. Rien de plus vague et de plus irrégulier que la mission confiée au nouveau plénipotentiaire : sans base assurée comme sans limites précises, pouvant finir au premier mot ou tout embrasser dans ses vastes conséquences, elle semblait faite à la mesure de l'envoyé lui-même et réglée en quelque sorte sur la capacité flexible d'un esprit aventureux, sur l'audace d'une ambition qui ne pouvait plus attendre. C'était à lui de créer son rôle, de compter sur son étoile, et, par un coup de bonheur ou d'adresse, de pousser sa fortune. Un incognito sévère enveloppait cette démarche pleine de hasards. Caché sous un faux nom, déguisé en cavalier hollandais, et se donnant tantôt pour un malade en voyage, tantôt pour un amateur en quête de livres ou de tableaux, l'abbé devait courir en poste au fond de la Hollande, guetter le passage du roi George sur la route de Hanovre, se glisser dans le cortège, remettre au secrétaire d'état Stanhope une lettre du régent, et, dans l'éclair de cette unique entrevue, saisir la chance d'un rapprochement. Le seul maréchal d'Huxelles, président du conseil des affaires étrangères, avait le secret de cette tentative, et la désapprouvait.

Le 6 juin, un billet de la main du régent donne le signal du départ ; c'est le premier de ces documens officiels dont la série finit au traité de la quadruple alliance. « Il est ainsi conçu : « Je prie M. le marquis de Torcy de faire expédier un ordre aux maîtres de poste de fournir au sieur de Sourdeval les chevaux dont il aura besoin pour une chaise à deux personnes et pour les gens de sa suite. » Un second billet de la même main ordonne de délivrer un passeport pour le sieur de Sourdeval et son secrétaire, afin qu'il puisse librement passer, sans être arrêté, retardé ni fouillé. — Le sieur de Sourdeval était le secrétaire de Dubois : son maître et lui avaient interverti les rôles sur le papier, comme Dorante et Pasquin dans *les Jeux de l'amour et du hasard* de Marivaux. Muni de 10,000 livres en argent blanc et de 4,000 livres en or, Dubois emportait, outre la lettre pour Stanhope et d'amples instructions, cette seconde lettre de créance, qui ne devait être présentée au roi qu'après le succès des premières ouvertures : « Si l'abbé Dubois, qui va en Hollande pour ses affaires particulières, s'y trouve lorsque sa majesté y passera, et < s'il a l'occasion d'avoir l'Honneur de lui rendre compte des sentimens qu'il connaît en moi pour la personne de votre majesté et pour l'union de la Grande-Bretagne et de la France, je la supplie d'avoir créance en lui, et d'être persuadée qu'il ne peut exagérer mon estime et mon respect pour votre majesté. » Ce n'était pas sans peine que le régent avait rencontré cette forme adroite et simple d'un désir qui voulait se montrer et qui craignait de se trop faire voir : la minute chargée de ratures, l'atteste ; , deux ou trois brouillons plus expressifs ont été rejetés. Le 5 juillet, Dubois arrivait à La Haye, et prenait logement dans une auberge pleine d'Allemands, sous le nom de Saint-Albin, qui était précisément celui d'un bâtard de la comédienne Florence et du duc d'Orléans. Le 23, il envoyait à Paris un rapport de cent soixante-dix-sept pages sur le début de ses opérations.

A lire cette longue dépêche, on se croirait en plein roman comique : la négociation, qui devait produire de très sérieux résultats, commence à la façon de ces imbroglios légers où figurent les héros travestis de la littérature picaresque. Incommodé de la route, « toussant et fébricitant dans son auberge, » étourdi du vacarme de la cohue tudesque au milieu de laquelle il se tenait caché, Dubois rêvait aux moyens de se découvrir à l'ambassadeur français, Chateauneuf, sans être reconnu par le personnel de l'ambassade. Un matin donc, dissimulant la moitié de sa figure sous une vaste perruque, comme Scapin sous son manteau, il se rend à la chapelle où Chateauneuf entendait la messe ; mais, trahi par une toux fâcheuse qui attire sur lui l'attention des assistans, il brusque « sa prière, » descend aux écuries, et, pour se donner une contenance, se pose en amateur de, cavalerie, admirant la beauté des chevaux de l'ambassadeur. Survient Chateauneuf, qui après la messe passait la revue de ses équipages ; saisissant l'à-propos, Dubois se fait connaître. Restait une difficulté grave : quel jour et en quel lieu débarquerait le roi ? Nul ne le savait, pas même l'ambassadeur ; ce débarquement était un secret d'état. L'abbé se désespérait en pensant que sa mission pouvait échouer sur ce premier écueil et son pot au lait se briser. « Je compris que, si je manquais ce moment, je n'avais qu'à m'en retourner avec la seule consolation d'avoir eu bonne intention et d'avoir pris beaucoup de peine inutile, comme don Quichotte, pour venger les torts faits à l'honneur et à la vertu. » Il couvre d'éclaireurs la côte et les chemins qui y conduisent, fait surveiller les mouvemens de l'ambassade anglaise, et pendant les heures d'attente occupe l'impatience de son esprit inquiet à rédiger la demande de rendez-vous qu'il adressera au comte Stanhope. Ce billet, qui allait tout engager et qui pouvait tout rompre, est tourné en sept façons différentes ; la dernière est la meilleure et la plus courte : « Je n'ai pu résister, milord, à la tentation de profiter de votre passage par la Hollande pour avoir l'honneur de vous embrasser. Je suis à La Haye à l'insu de tout le monde et entièrement inconnu ; je vous en demande le secret, et je vous supplie de vouloir bien me faire savoir en quel endroit vous jugerez à propos que je me rende, et en quel temps, pour pouvoir vous entretenir librement ; j'espère que vous voudrez bien accorder cette grâce à l'ancienne amitié dont vous m'avez honoré et à l'intérêt sincère que je prends à tout ce qui vous regarde. »

Le succès ne pouvait échapper à des mesures si bien concertées. Informé à temps par ses émissaires, Dubois brûle le pavé sur la trace de l'ambassadeur anglais, rejoint le roi, débarqué le 20 à Masensluis, et le 21 il voyait Stanhope. Là, il joue si naturellement les divers rôles qu'il a étudiés, mêlant dans ses discours une feinte indifférence à une exacte connaissance des questions, parlant de ses livres, de ses tableaux, de ses infirmités, des eaux de Saint-Amand qu'il va prendre, des avantages d'une solide union entre la France et l'Angleterre, rappelant le souvenir du cidre pétillant qu'il a bu jadis avec Stanhope à la prospérité des deux peuples ; — il jette si adroitement l'amorce à la curiosité du diplomate anglais qu'il obtient de lui, coup sur coup, trois entrevues d'où il sort avec l'ébauche d'une convention. Il la porte à Paris, revient huit jours après muni de pleins pouvoirs pour la discuter, et suit à Hanovre le roi et son ministre. C'est la préface de la négociation. Dubois a conquis son terrain, il est homme à s'y maintenir. « Vous voilà dans la machine, lui écrivait le commis principal Pecquet ; je ne suis pas en peine de la manière dont vous la remplirez. »

Le comte Stanhope, qui venait d'accepter au nom de l'Angleterre le principe d'une entente cordiale et d'une politique de paix, était un de ces Anglais que la séduction du génie français au XVIIe siècle et l'air de grandeur visible jusque dans nos revers avaient à demi gagnés à notre cause : bien que l'âpreté des dernières guerres eût altéré cette impression, elle n'était pas effacée, et le secrétaire d'état cédait malgré lui à l'empire des préventions qui animaient alors contre nous le peuple, la majorité whig du parlement, la famille royale presque entière, et le cabinet même auquel il appartenait. Connaissant à fond les principales cours de l'Europe, mêlé activement aux grandes affaires des premiers temps du XVIIIe siècle, ses fréquens voyages sur le continent, les amitiés qu'il y cultivait, son expérience de diplomate et de soldat, un tour d'esprit cosmopolite et déjà philosophique, tempéraient chez lui la fougue et la rudesse du patriotisme insulaire ; il craignait la France et s'en défiait sans la haïr. Attaqué par des rivaux qui aigrissaient les rancunes nationales, il ne lui déplaisait pas de les supplanter par une évolution inattendue : il avait connu le régent en Espagne et Dubois à Paris, il goûtait les hautes qualités du prince, la vivacité spirituelle de l'abbé ; nul préjugé ne l'empêchait de travailler avec eux à l'établissement d'un système nouveau qui, soutenu par lui, le soutiendrait lui-même. « J'espère bien, dirait-il, faire perdre aux Anglais l'habitude de regarder les Français comme leurs ennemis naturels. »

Dans le cours des négociations, la probité de Stanhope eut à repousser certaines attaques extra-diplomatiques de l'insidieux abbé : son caractère sortit victorieux de l'épreuve. On a beaucoup dit, d'après Saint-Simon, que Dubois s'était vendu à l'Angleterre ; mais quel besoin avait l'Angleterre d'acheter un homme qui recherchait son alliance et tremblait d'être éconduit ? Les deux pays dans cette affaire n'étaient nullement sur un pied d'égalité ; selon le mot de Dubois, on ne jouait pas à bille égale avec les Anglais. Si vénal qu'on suppose l'abbé, il n'était pas en situation de se vendre. Loin d'être le corrompu, c'est lui, — les documens officiels le prouvent, — qui fut ou essaya d'être le corrupteur. Pénétré des avantages de l'alliance et craignant d'insurmontables obstacles, le régent avait autorisé son représentant à tenter les moyens extrêmes, bien plus irréguliers qu'extraordinaires en ce temps-là. Dubois offrit donc à Stanhope 600,000 livres. Que répondit Stanhope ? Suivant l'abbé, il accueillit favorablement l'ouverture ; puis, se ravisant, il refusa. Cette dépêche, adressée au régent le 30 octobre 1716, nous paraît assez importante pour être citée ici ; on y verra l'impudence du tentateur naïvement peinte par elle-même.

« Je n'ai pas eu le temps jusqu'à présent, monseigneur, d'avoir l'honneur de vous rendre compte d'une circonstance dont j'avais impatience pourtant que vous fussiez instruit. Dans le temps le plus obscur et le plus incertain de la négociation d'Hannover, je trouvai une occasion si naturelle de faire à M. Stanhope l'offre que vous m'aviez ordonné de lui faire, que je hasardai le compliment, et je n'ai jamais eu plus de joie que de voir qu'il me laissait tout dire, jusqu'à la somme que je fixai tout d'un coup à 600,000 livres, ce qu'il écouta gracieusement et sans se gendarmer. Ma satisfaction fut encore plus grande quand il me répondit que votre altesse royale était un si grand prince que personne ne devait rougir de recevoir de ses grâces et d'être l'objet de sa générosité, qu'il recevrait avec beaucoup de reconnaissance les marques de l'honneur de son estime qu'elle voudrait lui donner, mais qu'il fallait au moins travaillera lui rendre quelque service, ce qu'il accompagna de toutes les marques de reconnaissance d'un homme qui sent qu'on l'enrichit. Depuis cette entrevue, j'ai eu occasion sept ou huit fois de lui en reparler. Tantôt je lui disais que, comme je ne me connaissais pas en diamans, je le priais d'acheter lui-même ceux que j'avais ordre de le prier d'accepter, tantôt que je ne voulais pas lui faire tenir cet argent par M. Lass… Une fois je l'ai prié de me dire si je devais prendre des lettres de change sur Londres ou sur Amsterdam, ou sur Hambourg, qui était dans le voisinage d'Hannover… Une autre fois je lui dis, comme en confidence, que j'avais une raison personnelle de désirer que le traité fût signé, qui était que cette signature me délivrerait de la frayeur perpétuelle que j'avais qu'on ne volât 30,000 louis d'or neufs, qui étaient dans mon appartement à Paris, et qui étaient à lui, et que ce dépôt m'importunait fort… Enfin, après la signature des dernières conventions, je lui dis fort sérieusement que, devant partir incessamment, je le priais de me dire quelles lettres de change lui seraient plus commodes ; il me remit d'un jour à l'autre, jusqu'à celui de mon départ, qu'il me déclara que votre altesse royale. était un grand prince qui pouvait, dans mille occasions, lui faire plaisir, qu'il me priait de lui faire mille remercîmens des offres généreuses que je lui avais faites, qu'il avait estimé toute sa vie votre altesse royale, et regardé comme le seul prince de l'Europe qui fût instruit, et que cette estime suffisait pour qu'il lui fût dévoué toute sa vie ; qu'il ne m'avait pas dit sa pensée jusqu'à ce moment, de peur que cela ne me contraignît et ne me rendît moins hardi à lui proposer tout ce qui pouvait convenir à votre altesse royale. Je n'oubliai rien pour l'ébranler, sans y réussir ; toutes mes figures de rhétorique furent inutiles. Voilà le seul point de la négociation où j'aie totalement échoué. »

Étonné d'un refus qu'il qualifie d'héroïque et d'admirable, Dubois fort sagement conseille au régent de n'en rien dire. « Quoiqu'on soit tenté de parler, d'un si beau trait, je ne crois pas, monseigneur, que vous deviez le divulguer… Je crois que vous devez essayer de lui faire accepter par bricoles et par les menus ce qu'il n'a pas voulu recevoir directement et en gros, et quand il résisterait à tout, comme je crois qu'il le fera, il ne serait pas bon de répandre que vous avez voulu tenter un ministre public. » L'abbé n'avait pas renoncé à circonvenir Stanhope de ses souplesses ; nous le verrons en 1718 revenir à la charge après la signature de la quadruple alliance, présenter son marché avec plus de délicatesse et d'un air plus engageant. En attendant qu'il trouve jour à recommencer ses « bricoles » et son maquignonnage, il presse le régent d'envoyer en Angleterre soixante pièces des meilleurs crus de la Champagne et de la Bourgogne. « Je supplie votre altesse royale de faire choisir par quelque connaisseur fidèle, d'une part, trente pièces de vin de Champagne du plus fort, et de celui qui aura le plus de qualité, tel que le bon vin de Sillery, et d'autre part quinze pièces de vin de Champagne de la même qualité, dix pièces de bourgogne et du plus fort aussi, et cinq pièces de vin de Volnay. Les trente pièces de vin de Champagne seront pour le roi, et les trente autres seront pour M. Stanhope. » — Ces façons hardies et ces procédés généreux ne refroidirent point Stanhope, bien au contraire ; l'amitié des deux négociateurs en devint plus intime, et le régent ayant exprimé à Dubois combien il regrettait que le ministre se fût montré d'humeur si peu traitable, l'abbé s'empressa de communiquer à celui-ci les sentimens du prince. La minute de sa lettre porte en tête ces mots : *papier à brûler*. « Je viens de recevoir, milord, la réponse de M. le duc d'Orléans sur la confidence que je lui ai faite de la tricherie avec laquelle vous m'avez laissé espérer pendant plus d'un mois que vous recevriez une petite marque d'amitié de sa part, et du refus par lequel vous avez fini avec moi le jour de mon départ d'Han-nover. Il me marque combien il est touché de vos grandes qualités et finit par ces paroles : « je suis bien fâché que vos instances auprès de lui aient été inutiles, mais je ne me rebute pas pour cela. » Stanhope répondit par ce *billet secret* qui marque bien le caractère que les deux diplomates entendaient donner à l'alliance. « Cette alliance doit être une parfaite amitié et entière confiance entre nos maîtres. J'espère que ces deux princes seront amis à tel point qu'ils pourront faire grand bien aux serviteurs l'un de l'autre en se les recommandant réciproquement. Or je vous promets d'avance que, si vous pouviez jamais suggérer au roi mon maître les moyens de vous rendre service, il le ferait du meilleur de son cœur, tant vos manières et tout votre procédé lui ont plu. » Dubois avait raison : la vertu de Stanhope était de celles qui « ne se gendarment pas. »

Malgré les bonnes dispositions du secrétaire d'état et une heureuse entrée en matière, la mission de Dubois se heurtait à des difficultés considérables. On s'en fera une juste idée par cette simple remarque : l'alliance avait contre elle l'opinion publique des deux pays, le parti espagnol dans le gouvernement français et toutes les chancelleries d'Europe ; elle ne comptait guère d'autres partisans bien décidés que les diplomates qui la négociaient. Dubois put voir dans ces débats quelle crainte inspire aux agens d'un pays libre le contrôle d'une assemblée ; il n'était pas un des ministres du roi George qui ne fût convaincu qu'en travaillant au traité il jouait sa fortune et sa tête. « Les Anglais, écrivait-il au maréchal d'Huxelles, portent leurs scrupules et leur timidité si loin qu'ils refusent de corriger une faute d'orthographe dans la crainte que dans dix ans cela puisse servir à faire leur procès au parlement, ce qui est devenu en eux comme un sentiment involontaire contre lequel rien ne les rassure. On m'en a rapporté des exemples qui feraient une scène de comédie. » Combattu par les influences hostiles, le roi George hésitait : comme tout prince mal affermi, il était sensible au désir d'abattre ses compétiteurs en leur enlevant l'appui de la France ; mais l'opposition du parlement, les clameurs de son entourage, la défiance que lui inspirait le régent et surtout l'ascendant de l'empereur l'arrêtaient. L'empereur avait alors en Europe, grâce aux fautes de Louis XIV et à l'épée du prince Eugène, une situation comparable à celle que les événemens de 1814 et de 1815 ont donnée un siècle plus tard à la Russie. « On ne saurait croire, écrit Dubois, à quel point l'empereur est ici redouté. Son étoile, ou pour mieux dire sa comète, car c'est une étoile effrayante, a une terrible influence sur cette cour. » Au moment où l'agent français mettait le pied en Hollande, le canon de Peterwaradin avait de l'écho dans toute l'Allemagne ; il n'était bruit que de la défaite des Turcs et de la gloire des armes impériales. « On m'a envoyé humer une étrange nouvelle pour le succès de nos affaires, il semble que l'air de l'Allemagne en soit changé, et je puis dire même empoisonné. » La France au contraire pesait d'un poids léger dans la balance. Épuisée et pleine de factions, les rapports diplomatiques s'accordaient à la peindre des plus tristes couleurs ; on représentait le régent comme un homme sans énergie ni bonne foi, paresseux d'esprit et de corps, haï du peuple, odieux aux troupes, méprisé de ses partisans, jouant à peine le sixième rôle dans son gouvernement et menacé d'aller achever sa régence à la Bastille.

Dubois eut le mérite de discerner l'unique chance favorable et de la saisir. Il attaqua le roi par l'intérêt dynastique, et s'efforça de changer en sentimens de confiance et d'estime ses préventions contre le régent. Tout son travail porta sur ce point ; il fit jouer selon cette vue les ressorts de son intrigue, appliquant à la guerre diplomatique ce grand principe des stratégistes en galanterie : celui qui a le cœur a tout. Il gagne le cœur du roi, et par ce coup de maître frappe d'impuissance ses adversaires. George l'autorise à lui écrire en confidence et sans intermédiaire, l'invite à ses chasses, lui donne son médecin, le présente à la reine de Prusse sa fille, le régale de son excellent vin de Tokay, « dont il était fort curieux, » et disgracie un de ses ministres, lord Townsend, qui s'obstinait à empêcher l'alliance. La volonté du roi, une fois déclarée, entraîna la cour et adoucit l'aigreur du parlement. Il faut donc attribuer à la séduction des qualités personnelles de l'ambassadeur une bonne part du succès. Dubois avait de l'esprit, dit Saint-Simon, qui pourtant ne le ménage guère ; il avait « assez de lettres, d'histoire et de lecture, beaucoup de monde, force envie de plaire et de s'insinuer, » tous les dehors, sinon tout le vertueux de l'honnête homme. Son humeur gaillarde, ses libres saillies réussissaient fort dans la meilleure société d'Angleterre, et lui-même faisait profession d'aimer cette nation un peu rude, mais sensée et vigoureuse. Il écrivait un jour à l'abbé de Saint-Pierre : « Je suis ici parmi les plus solides esprits qu'il y ait au monde, je veux dire les Anglais. »

Deux choses étaient en question dans les conférences de Hanovre : la paix de l'Europe et la stabilité du gouvernement français. Dubois avait pour maxime que. Il bs affaires étrangères sont l'Ame de l'état, » — vérité de tous les temps et même du nôtre ; il sentait bien que le régent, si chancelant jusqu'alors, — braverait les factions ainsi que l'étranger avec l'appui de. l'Angleterre, et qu'il gagnerait à cette alliance d'être respecté chez les autres et le maître chez lui. Aucune des conséquences de la négociation n'échappait à la sagacité du négociateur. Il était de ces politiques clairvoyans et prompts qui en toute affaire vont droit à l'essentiel, marquent nettement le but et enlèvent ou tournent l'obstacle avec résolution. Son style exprime en traits saisissans la conviction, dont il était animé. « Je voudrais pouvoir racheter d'une partie de mon sang le temps que d'inutiles difficultés nous ont fait perdre. Ces longueurs nous coupent la gorge. On nous a reproché autrefois, monseigneur, pendant vos études, de compter par minutes. Je mérite bien mieux présentement ce reproche, et les minutes me paraissent plus longues que des heures entières à un écolier retenu à l'étude par force, tant j'ai d'impatience que vous ayez ce papier bien signé dans votre cassette. Quand vous serez libre dans votre taille de tous les côtés, vous écouterez plus tranquillement les balivernes qu'on vous débitera. Il est clair que cette alliance déterminera le système de l'Europe pour longtemps, et donnera à la France une supériorité qu'elle ne pourra pas acquérir autrement. Cela posé, elle me paraît sans prix, et, si j'étais le maître, j'aimerais mieux donner 30 millions que de la manquer. » En regard de cette déclaration, on lit une note écrite à la marge de la main du régent : *Je pense comme vous sur tout cela.*

La langue diplomatique de Dubois, comme on a pu le voir déjà, a plus de vivacité que de concision, plus d'originalité que d'élégance. Ses dépêches sont des conversations verbeuses, mais toujours claires dans leur abondance négligée ; le sujet y est examiné sous toutes ses faces, et les répétitions servent à mettre en relief l'idée principale. Dubois n'emprunte pas aux chancelleries leur stylé ; il garde le sien, qui est l'image de son esprit, plus pétulant que distingué. Le fond de cet esprit, c'est la verve et la gaîté, c'est la finesse enluminée de belle humeur, avec, une pointe de gaillardise ; tout cela éclate en trivialités pittoresques, sans penser le moins du monde à se mortifier et à s'éteindre sous la froideur d'un genre convenu. Dubois est le moins académique des diplomates, et, si sérieusement qu'il joue un rôle très sérieux, il ne peut s'empêcher d'avoir le mot pour rire dans les situations les plus critiques. « Jamais Hibernois, écrit-il à Pecquet, n'a tant ergoté que moi. J'a estocade comme un prévôt de salle, mais j'ai reçu de terribles estocades, et j'aurais eu grand besoin d'un second tel que vous. J'ai soutenu opiniâtrement tout ce que vous m'avez appris, et j'ai été martyr de vos vérités comme les premiers chrétiens da Rousseau. » Il ne hausse pas le ton, même en écrivant au régent. « Souvenez-vous, monseigneur, que la chandelle brûle, et que les pieds me grillent… Ces lenteurs m'ont coûté plus de larmes qu'il n'en tiendrait dans un seau. Je vois les difficultés grossir à tous momens comme les boules de neige qui tombent des Alpes, qui n'auraient pas d'abord couvert un oiseau et qui à la fin accablent des caravanes tout entières. » On saisit ici le caractère du style de Dubois ; c'est une langue imagée et familière, faite de comparaisons, de bons mots et de proverbes, ayant l'accent gascon et les libertés colorées du langage populaire. « Je crois pouvoir assurer votre altesse royale que les concessions qu'elle fait seront rejetées, si on les fait filer chiquète par chiquète, et qu'au contraire il faut former de ces petites grâces un plat en pyramide qui ait une belle apparence, parce que cette menue dragée présentée grain à grain paraîtrait rien. »

Dubois est souvent bas, il n'ennuie jamais ; il a une vulgarité piquante et assaisonnée. Son vrai mérite d'ailleurs est dans le fond des choses, et cette humeur joviale n'est que la vive expression d'une supériorité qui sait trop bien sa force pour s'imposer une gêne inutile. Il rit volontiers de lui-même et de la figure inaccoutumée qu'il commence à faire dans le monde : c'est le contraire du sot parvenu qui prend des airs d'importance. Écrivant à ce même Pecquet, dont il appréciait fort les services et redoutait les maladies, « je prie le Seigneur, lui dit-il, que vos maux n'aient point de suite, et j'offre un holocauste d'un couple de cardinaux, du double de présidens à mortier et d'une douzaine de ducs que je lui abandonne, pourvu qu'il vous conserve… Vous deviez bien, en m'envoyant la pancarte de plénipotentiaire, m'instruire du personnage que cela m'oblige de faire, car il faut que je prenne garde à *Jodelet prince*. » Jodelet prince, ou Dubois plénipotentiaire, se signalait dans son nouveau métier par des stratagèmes inattendus, par des traits de génie tout à fait dignes d'enrichir le répertoire comique, et il faut voir, lorsqu'il en parle, comme sa verve brille, témoin le récit d'un tour joué, par lui à lord Stanhope au sortir d'un dîner qui avait troublé de quelques vapeurs le flegme du secrétaire d'état ; laissons le héros de l'aventure s'expliquer en personne, car on ne saurait mieux dire, et bornons-nous à bien fixer le lieu de la scène.

Pendant les conférences de Hanovre, Dubois, qui avait quitté l'auberge hollandaise et la compagnie d'Allemands où nous l'avons laissé, habitait incognito, toujours sous le nom de Saint-Albin, dans la maison même que lord Stanhope occupait. On négociait là, du matin au soir, « en robe de chambre et en bonnet de nuit ; » là se passa l'histoire que Dubois raconte au régent le 4 novembre 1716. « J'ai dressé une embuscade à mon hôte, qui a eu tout le succès que je pouvais espérer. Le premier étage de la maison qu'il occupe est composé d'un grand salon peint qui a à chaque bout un grand appartement. Je suis logé dans l'un et il habite l'autre, de sorte que, comme il n'y a que le salon entre nos deux logemens, cela fait une communication continuelle de lui chez moi, et nulle de moi chez lui pour ne le pas interrompre dans les occupations de sa charge et ne pas m'exposer tous les jours à trouver en face ceux dont il est important que je ne sois pas vu. J'ai eu l'honneur d'écrire à votre altesse royale que M. Stanhope devait donner à dîner mardi à l'envoyé de l'empereur. Il invita le général des troupes, le ministre d'Hanover et les principaux de l'état au nombre de quatorze à ce dîner, qui se fit dans le salon qui est entre nos deux appartemens, et pendant lequel le mien fut fermé. Comme ce festin allemand devait être beaucoup arrosé, il me vint en pensée que, si le vin du secrétaire d'état était, comme je l'avais vu autrefois, gai et parleur, je pourrais peut-être après le dîner profiter de quelqu'une des vérités que, le vin se vante de tirer des plus taciturnes, et, lorsque les derniers convives furent accompagnés, je laissai ma porte ouverte, ce qui invita M. Stanhope d'y entrer en remontant, comme je l'avais espéré. En se jetant dans un fauteuil, il me dit : « Mon cher prisonnier, j'ai bien des excuses à vous faire de l'incommodité que vous avez eue d'être enfermé toute l'après-dînée ; vous voyez un homme qui s'est enivré en faisant les honneurs de sa table ! » En effet, il s'était distingué parmi treize Allemands qui avaient bu soixante-dix bouteilles de vin et cinq ou six bouteilles des liqueurs les plus violentes, qu'ils avaient avalées comme de l'orgeat. L'ayant trouvé à peu près comme je le désirais, je lui conseillai de prendre du thé pour abattre les fumées du vin, et après qu'on eut établi devant nous un cabaret propre à une longue conversation, je lui montrai en confidence une lettre tout en chiffres de M. de Chateauneuf… Je n'eus besoin que de cette confidence pour le mettre en mouvement, et il commença à me parler avec une rapidité qui ne s'arrêta depuis neuf heures qu'à une heure après minuit, et qui m'instruisit de la plupart des choses que je voulais savoir, sans qu'il m'en coûtât que le soin de lui faire quelques petites objections pour le faire passer d'une matière à une autre… « Mais, mon Dieu, mon cher petit ami, me dit-il à la fin et un peu tard, je crois que tu m'as ensorcelé, oui, mordieu, je le crois, car sans prudence je me laissai ébranler par tout ce que vous me dîtes. » La pièce n'est-elle pas délicate et le récit bien tourné ? Dubois, qui vivait de régime, a tiré une belle vengeance de ce banquet anglo-allemand dont sa sobriété forcée avait subi le voisinage.

Tandis qu'il jouait au plus fin sur l'échiquier diplomatique, ses ennemis et ceux du régent agissaient à Paris pour traverser un succès qui devait pousser si haut la fortune du négociateur et consolider celle du maître. Ce parti avait à sa tête un puissant et rusé personnage, le maréchal d'Huxelles, chargé de suivre et de contrôler, comme président des affaires étrangères, une négociation entreprise contre son avis. Dubois était dans la position rare, mais non sans exemple, d'un ambassadeur qui a pour ennemi de sa personne et de son œuvre le ministre dont il reçoit les instructions. Chateauneuf, à La Haye, servait de confident à la pensée intime du maréchal : jaloux de la supériorité de Dubois, qui l'écrasait, fatigué d'un poste où il s'était ruiné sans dédommagement et avait vieilli sans gloire, tourmenté de sa goutte et de ses créanciers, il se prêta volontiers à un espionnage qui satisfaisait ses rancunes et flattait celles du ministre. Tout en protestant, dans les dépêches officielles, de l'étroit accord qui régnait entre lui et son collègue, il accusait en secret les emportemens de l'abbé, son orgueil ambitieux, ses discours inconsidérés, ses imprudentes démarches, les extravagances de cet ambassadeur vraiment extraordinaire, qu'il dépeignait comme un brouillon et un fou, Huxelles, entrant dans ses chagrins, lui recommandait une patience habile et amassait en silence ces prétendus griefs pour en accabler Dubois le jour où éclaterait l'échec définitif qu'il n'avait pas cessé d'espérer.

L'abbé, dont l'œil profond perçait les intrigues des cours de Vienne et de Madrid, n'avait garde d'ignorer ce qui se tramait au Palais-Royal. Opposant à la cabale d'Huxelles le crédit des amis particuliers du régent, les fortes têtes du tripot des roués, il écrivait à Nancré, à Nocé, leur dénonçait les menées du maréchal, ses lenteurs calculées, ses indiscrétions perfides. « N'est-il pas étonnant qu'au moment où je suis venu à bout de la seule chose qui puisse assurer la paix au royaume et mettre M. le duc d'Orléans hors d'atteinte, et lorsque j'ai toute l'Europe à mes trousses pour nous enlever ce bonheur inespéré, les obstacles viennent de France et de certains serviteurs du prince ? Désormais je tiendrai pour un miracle au-dessus de ceux de saint Antoine de Padoue quand une affaire étrangère réussira. » Dubois connaissait le faible de son ancien élève, tous les accès ouverts aux suggestions mauvaises dans cet esprit aimable et ce cœur incertain. « Il passe sa vie, disait-il, à filer des cordes pour être emmaillotté. » Aussi l'effort le plus sérieux de sa diplomatie est-il tourné de ce côté-là ; le duc d'Orléans lui coûte plus à diriger et à retenir que le roi George à persuader. « Je vous supplie, monseigneur, de ne communiquer mes lettres à personne et de ne pas les laisser tomber entre les mains des canailles qui touchent à vos papiers, car nous avons besoin du secret. J'espère aussi qu'on prendra des moyens pour faire taire le carillon du Palais-Royal, de peur qu'à force de sonner les cloches on n'attire le tonnerre. » Dans sa guerre contre Huxelles, Dubois se donne tous les mérites, comme il a tous les droits : scrupuleux observateur des formes, il reçoit avec déférence les ordres du ministre, fait appel « à la supériorité de ses lumières, et l'invoque comme un dévot son saint patron ; » il prie le commis Pecquet de lui montrer le droit chemin du cœur et de l'estime « de ce grand homme, » affirmant qu'un seul mot d'éloge accordé par un tel connaisseur « est un opium souverain pour tous ses maux. » En même temps il se tient ferme sur cette habile défensive, ne cédant rien d'essentiel, attentif à réprimer les empiétemens de l'adversaire et à relever ses torts. Huxelles un jour ayant eu l'air de lui faire la leçon sur d'apparentes variations, Dubois lui répond finement que varier à propos est l'art du diplomate, comme louvoyer est celui du marin ; le maréchal, piqué au jeu, marque son dépit par une inconvenance. Dubois, se souvenant qu'il est conseiller d'état, s'informe à Paris des égards dus aux conseillers et les impose à la mauvaise humeur du maréchal. De là cette lettre à Fontenelle, qui est comme perdue dans ces vastes collections de papiers diplomatiques : « Mon illustre, faites-moi l'amitié, lorsque vous rencontrerez M. l'abbé Bignon, de lui demander, par manière de conversation et sans qu'il puisse deviner que cela vienne de moi, comment les maréchaux de France finissent leurs lettres en écrivant aux conseillers d'état. La réponse vous coûtera le papier qu'il faut pour une lettre et la peine de cacheter et de mettre le dessus pour moi et de l'envoyer à mon appartement, afin que l'on me la fasse tenir à la campagne. Je vous prie de ne dire à personne que je vous ai fait cette prière ; je vous embrasse de tout mon cœur. » Pour le talent méconnu ou molesté, la seule vengeance efficace et digne, c'est de réussir. Dubois battit tous ses ennemis en signant à La Haye la triple alliance le 4 janvier 1717.

Le traité avait été précédé de la convention de Hanovre, signée avec les Anglais seuls le 10 octobre ; ces deux actes diplomatiques résument les négociations des six derniers mois de 1716, et marquent la décisive intervention de l'abbé Dubois dans les affaires extérieures. A partir de ce moment, il y a un personnage de plus sur la scène politique. Tiré de son néant à l'âge de soixante ans, après avoir consumé en d'obscures intrigues un génie plein de ressources, Dubois eut dès lors une vue claire de l'avenir qui s'ouvrait devant lui et de la route à suivre pour atteindre ce faîte où devaient le porter certainement la confiance de son maître, l'appui de l'Angleterre et le besoin qu'on aurait de lui. Annonçant au régent le 4 janvier la signature du traité, il termine sa lettre par une insinuation significative : « La triple alliance est enfin signée, monseigneur, et ce qui augmente infiniment ma joie, elle a été signée unanimement par les députés de toutes les provinces. Vous voilà hors de page et moi hors de mes frayeurs que votre altesse royale canonisera lorsque j'aurai eu l'honneur de lui rendre compte de tout. Je m'estime très heureux d'avoir été honoré de vos ordres dans une affaire si essentielle à votre bonheur, et je vous suis plus redevable de m'avoir donné cette marque de l'honneur de votre confiance *que si vous m'aviez fait cardinal.* » Nul doute qu'il n'ait désigné à son ambition, dès 1717, le but suprême vers lequel il lui fallait se hâter pour achever dans la gloire et la puissance les restes d'une vie usée, dit-on, par les plaisirs, et qui ne se soutenait plus, à travers mille maux, qu'à force d'abstinences. Vers la fin de la négociation, quand le succès paraissait assuré, le régent avait aussitôt songé à récompenser le négociateur. Il chargea Nocé de le sonder là-dessus ; Dubois répondit : « Si M. le duc d'Orléans veut me faire quelque plaisir, tâchez de lui insinuer que ce ne soit pas de la guenille, » et il demanda la liste des bénéfices vacans, pour joindre le solide au brillant, et soutenir le rang qu'on lui destinait. Pressé de jouir et d'arriver, toute proie lui sera bonne ; son âpreté sans pudeur aura l'air de saccager les dignités que son talent et ses services, à défaut du caractère, semblaient mériter.

L'avant-goût des honneurs qui l'attendaient lui vint de l'étranger. Rien ne manquait à l'éclat d'un événement qui, déplaçant le pivot séculaire de la politique européenne, changeait en force et en sécurité pour la France la cause permanente de ses craintes et de ses dangers. Après une longue résistance, l'antipathie invétérée de la Hollande avait cédé sous la pression de Stanhope et du roi George ; peut-être aussi que l'argent, cet auxiliaire suspect des victoires diplomatiques, n'était pas étranger au miracle d'une conversion unanime et solennelle. Dubois fait un portrait de l'esprit public en Hollande qui est loin de démentir notre supposition : « il n'y a pas ici trois hommes qui soient déterminés par le motif du bien général, et dans ce pays comme ailleurs le grand nombre se gouverne par l'intérêt particulier, par l'envie, par la haine et par les autres passions. » À ce l'enseignement, le régent se hâte de répondre : « Dites bien à MM. les ministres que, si l'alliance se fait, ils ne se repentiront pas d'y avoir contribué. » Quoi qu'il en soit des ressorts mis en œuvre, l'importance du résultat paraissait seule et couvrait tout. Dubois recevait, au nom de la France, les complimens officiels de l'Angleterre et de la Hollande, et se montrait en public avec le faste d'un ambassadeur, avec le prestige de l'habileté heureuse, au milieu des démonstrations qui accompagnent les amitiés récentes. Ce n'était plus l'émissaire déguisé, blotti dans le coin d'une auberge, aux portes d'une écurie, en guettant l'occasion ; il avait une suite, des laquais, un cuisinier, force domestiques, un carrosse de gala et à son tour un équipage. « J'ai acheté six belles jumens noires, écrit-il à Noce, et je vous rapporterai le tabac le plus doux que je pourrai trouver. » Il se prodiguait en visites, en réceptions, en festins, « tout en n'ayant que la peau sur les os, » poussait la complaisance « plutôt que la gourmandise jusqu'à s'incommoder, » et regrettait d'avoir perdu « les privilèges des philosophes. » Il était l'hôte le plus fêté de la république, le dispensateur accrédité des grâces et des promesses, représentant à titre presque égal la faveur de deux souverains.

Parmi les courtisans du fait accompli, nous ne sommes pas médiocrement surpris de rencontrer, du côté de la France, le duc de Saint-Simon. On sait quelle flétrissure Saint-Simon, dans ses mémoires, a essayé d'imprimer sur le nom de Dubois et sur son œuvre ; quant à lui, ennemi juré de l'alliance anglaise, partisan invariable de l'alliance espagnole, il épuisait, dit-il, son éloquence, en 1716, à détourner le régent de l'Angleterre, « cette irréconciliable adversaire de la France, » à l'arracher aux contours tortueux de la politique de l'abbé, et à le précipiter dans les bras de l'Espagne. Parlant du traité du 4 janvier 1717, il ajoute fièrement : « Dubois et les siens me craignaient sur l'Angleterre ! » Nous n'avons pas le texte de la lettre écrite à Dubois par Saint-Simon vers la fin de 1716 ; mais la réponse du négociateur fait bien voir que son correspondant était fort éloigné de prendre ces airs farouches et de maudire les résultats de la négociation. « Si quelque chose, monsieur, pouvait me flatter, ce serait l'honneur de votre approbation, parce que votre esprit pénétrant vous fait voir les choses comme elles sont, et que votre droiture ne vous permet de parler que sincèrement. J'avoue que je suis heureux que la Providence se soit servie de moi pour procurer au royaume et à un maître que j'adore depuis trente-cinq ans le plus grand bien qu'on pût espérer dans la situation présente, pourvu qu'on sache l'assurer et en faire un bon usage. Je vous supplie, monsieur, d'exhorter ce prince, que Dieu semble destiner à de grandes choses, à être ferme dans ses opinions et dans sa confiance. J'espère que vous serez plus content du détail encore que de la première nouvelle. Je vous rends mille grâces, monsieur, des marques de bonté dont vous m'honorez, et que je continuerai de ménager avec l'attention que vous méritez. » Voilà comment les mémoires de Saint-Simon nous instruisent en matière sérieuse, comment ils nous apprennent la vérité sur le fond des choses et sur les opinions de Saint-Simon ! Nous retrouverons ailleurs d'autres preuves non moins étonnantes de son exactitude et de sa sincérité.

Quelque désir qu'éprouvât Dubois de revenir à Paris et de rentrer, avec sa gloire diplomatique, dans l'intimité du régent, « loin de qui, disait-il, il languissait comme un poisson dans un baquet, » son séjour à La Haye se prolongea par convenance jusqu'au 3 février, c'est-à-dire jusqu'au moment où le roi George mit à la voile pour l'Angleterre. Ce retard lui permit d'exécuter un article capital de ses instructions secrètes ; il s'agissait de découvrir et de faire taire, par force ou par douceur, les collaborateurs mystérieux des journaux satiriques qui lardaient à distance le régent et ses roués. L'altesse royale, touchée au vif, lui avait recommandé ce point délicat en lui laissant carte blanche sur le choix des moyens. Dubois, qui savait bien que dans les pays libres la violence employée contre la presse fait beaucoup de bruit et produit peu d'effet, avait demandé à son maître des espions et de l'argent, estimant plus sûr de corrompre en silence que de sévir avec scandale. « Il y a ici, écrivait-il, une coquine appelée Desnoyers, qui a de l'esprit, qui fait ce qu'on appelle la *quintessence*. Elle est si méchante et si impudente que presque tous les princes de l'Europe lui font donner quelque chose pour lui fermer la bouche. Elle se regarde comme l'Arétin, *Pietro Aretino, flagello de principi*, qui avait des pensions de tous ceux de son temps. Je ne m'en retournerai pas sans m'être assuré de cette folle dans un pays où l'on n'oserait prendre des mesures d'autorité contre l'insolence de ces écrits… Comme nous sommes en situation de gagner le cœur des nations, il ne faut pas dédaigner les petits seins qui y contribuent souvent autant que les grandes choses. » Enfin, le roi George l'ayant prévenu parmi exprès de son départ, il partit lui-même et résigna dans une dernière dépêche ses fonctions d'ambassadeur extraordinaire : « Je ferme mon portefeuille avec la satisfaction de ne pouvoir pas me reprocher d'avoir écouté une pensée ou dit une parole qui n'eût pas pour but le service, et qui fût mêlée d'intérêt ou de passion. » L'éloge le plus vrai de la négociation avait été fait par Stanhope le jour où l'on signa le traité : « Votre voyage à La Haye, monsieur l'abbé, a sauvé bien du sang humain, et il y a bien des peuples qui vous auront obligation de leur tranquillité, sans s'en douter. » C'est le dernier mot de l'histoire sur cet acte habile, inspiré sans doute par l'intérêt particulier du régent et de son envoyé, mais qui eut ce grand mérite d'assurer à la France, à l'Europe épuisées, une paix nécessaire, et de fonder une politique digne de l'esprit libéral des temps modernes.

En quittant la Hollande, Dubois y laissait d'assez nombreux amis ; les lettres qu'il leur écrivit après son retour en France nous font connaître leurs noms : c'étaient Saurin, Basnage, le comte d'Obden, la comtesse douairière de Nassau, l'amiral de Wassenaër et sa fille. Le diplomate poussa même la galanterie envers cette demoiselle jusqu'à se charger pour lui plaire « de quatre-vingts livres pesant de batteries de cuisine et de chaudrons, dont il paya les droits comme de choses précieuses. » A peine arrivé, il reçut la récompense de ses services, le premier gage certain de sa haute fortune : le 26 mars 1717, il entrait au conseil des affaires étrangères. « Il s'y fourra, dit Saint-Simon, qui cette fois a touché juste, comme ces plantes qui s'introduisent dans les murailles et qui enfin les renversent. » Son plan, dès ce moment arrêté, peut se résumer en deux mots : il voulait consolider son maître et s'élever lui-même en prenant un point d'appui solide dans la politique étrangère, briser avec ce levier tous les obstacles qui gênaient le pouvoir personnel du régent, et barraient ainsi à ses meilleurs amis la route des hauts emplois. Quand il partit pour Londres, à la fin de cette même année 1717, il ne perdit pas un seul instant de vue ce double but pendant les onze mois de son ambassade. Tout en négociant avec l'Europe la quadruple alliance, il complotait à Paris, avec ses affidés, les changemens qui allaient éclater dans le gouvernement en 1718 ; il était l'artisan invisible, l'inspirateur ardent et tenace d'une révolution intérieure dont il entendait bien recueillir les fruits. Ce double travail, poussé d'une main ferme au dedans et au dehors, cette combinaison qui unit dans un même dessein deux objets différens et frappe à la fois deux coups décisifs, voilà le côté nouveau, le sérieux intérêt de la seconde mission confiée à l'abbé Dubois. Nous insisterons, toujours à l'aide des pièces officielles, sur ce trait caractéristique d'une négociation encore moins connue que la précédente dans ses détails intimes et ses péripéties.

II

Dubois quitta Paris le 20 septembre 1717 pour achever à Londres ce qu'il avait commencé à La Haye. Pendant ce temps, le cardinal Albéroni, couvrant d'une armée de 60,000 hommes les côtes d'Espagne, lançait une flotte sur la Sicile : l'antagonisme des deux politiques était déclaré ; Dubois se trouvait en face d'un adversaire ambitieux et rusé comme lui, mais dont la ruse avait le prestige et l'audace de la force. La lettre de créance remise par le régent à son ambassadeur était ainsi conçue : « Monseigneur, il est si juste de concourir aux bonnes intentions de votre majesté pour la tranquillité de l'Europe, que j'envoie auprès d'elle l'abbé Dubois, à qui elle a eu la bonté de confier elle-même ses vues, pour conférer avec les ministres des princes qu'il serait important de réunir, et comme personne n'est plus instruit que lui de mes véritables sentimens, je suis ravi qu'il ait occasion de lui rendre compte de nouveau de mon attachement sincère et de mon zèle pour sa gloire et pour ses intérêts. » Une autre lettre adressée au prince de Galles, qui haïssait la France en haine de son père, lui demandait d'appuyer la politique de la paix, et lui rappelait « la proximité de sang qui l'unissait au régent, son très affectionné frère. »

Des incidens fâcheux traversèrent le voyage de notre ambassadeur. Près d'Amiens, les commis des fermes, sans respect pour sa qualité, pillèrent ses bagages, — paniers de vin, coffres et papiers, — en criant : « Voilà des affaires étrangères ! c'est un homme gagné par les ennemis ! » A Calais, les vents contraires lui fermèrent la route pendant plusieurs jours, et ce retard mit à une rude épreuve son humeur impatiente. « On m'avait fait espérer, écrit-il à Nancré, de pouvoir partir cette nuit à une heure après minuit, et j'ai fait toute la nuit la veille des armes pour saisir le premier moment où le bâtiment pourrait sortir du port ; mais il s'est élevé un vent du nord qui a empêché entièrement la sortie. Je suis donc à la merci des vents et, si plusieurs avis qui m'ont été donnés sont véritables, à la merci de la Providence, car on m'a averti que les jacobites avaient conjuré ma perte. Il en arrivera ce qu'il plaira à Dieu, je suis dévoué à tout sans réserve pour le service de mon maître, qui est celui de l'état. » Le 28 enfin il débarquait en Angleterre, « après avoir essuyé en passant les incommodités ordinaires à ceux qui ont l'estomac délicat. » Arrivé à Londres, il s'empressait de donner au maréchal d'Huxelles son adresse officielle, « rue des ducs, à Westminster, *ducks street in Westminster*, » et une seconde adresse très différente à son correspondant de La Haye, M. Basnage : « Vous m'enverrez vos lettres sous une enveloppe au nom de M. Dubuisson, maître à danser, chez M. Hamton, maître charpentier à Saint-Martin Scort, derrière l'église, proche Cherincroff, à Londres. »

Ce n'était pas la première fois que Dubois visitait l'Angleterre. En 1698, il y avait accompagné, dans un dessein qu'on nous dispensera de rechercher ici, l'ambassadeur de France, duc de Tallard : recommandé à Saint-Évremond par Ninon de Lenclos, qui aimait l'esprit « de ce petit homme délié, » présenté par l'ami de la duchesse de Mazarin à la meilleure société de Londres, il y avait reçu, pendant un séjour de six mois, l'accueil le plus flatteur. Les souvenirs de 1698, un peu affaiblis sans doute, vivaient encore en 1717, quand l'abbé reparut à Londres, transformé en personnage. Son premier soin fut de les ranimer, et dès le 9 octobre il écrivait à la comtesse de Sandwich, avec qui, selon Saint-Simon, il avait été du dernier bien : « Quelque objet, madame, que je puisse avoir dans mon voyage, rien ne m'y peut tant toucher que d'être encore une fois à vos pieds avant de mourir ; mais il ne faut pas qu'il vous en coûte la peine de venir à Londres, et je m'empresserai d'aller vous chercher, dès que les affaires dont je suis chargé me le permettront. » Partisan des Anglais et de leur solide esprit, nous l'avons vu, Dubois appréciait aussi la supériorité de l'Angleterre par un côté moins politique : « il n'y a aucun pays dans le monde, disait-il un jour à Noce, où il se voie autant de jolies femmes que dans celui-là. » L'aspect de Londres, le mouvement et l'exubérance de la population le frappèrent comme au temps de son premier voyage. Dans ce rajeunissement de ses impressions anciennes, le regard du diplomate ne se refroidit pour aucun des attraits qui l'avaient séduit en 1698. « J'ai été étourdi de l'affluence du peuple, comme un provincial qui arrive au Pont-Neuf à Paris, lequel Pont-Neuf paraîtrait une solitude en comparaison de ce que l'on voit ici. Je n'ai encore eu l'occasion de rien observer, mais je n'ai pu m'empêcher d'être frappé de la prodigieuse quantité de belles personnes et de leur bonne grâce. » Sa réception à la cour fut digne d'un si parfait ami de l'Angleterre. « On ne saurait désirer, écrit-il au régent, des dispositions meilleures. Pour soutenir les droits de votre altesse royale à la couronne, les Anglais mettront jusqu'au dernier sol et au dernier homme. Le roi est si bien disposé qu'il semble qu'il vous ait mis à la place de son fils. Quant à M. Stanhope, c'est un philosophe homme de bien qui aime sa patrie, mais qui aime votre altesse royale presque autant qu'elle. » L'aristocratie anglaise suivit le branle donné par la cour ; elle traita magnifiquement l'ambassadeur, et notre buveur d'eau, débauché de son régime par devoir diplomatique, fut contraint de s'abandonner à toutes les intempérances, parlons comme lui, à toutes les « lampées » de l'hospitalité britannique.

Il existe à la bibliothèque Mazarine une vie manuscrite du cardinal Dubois, très peu connue, même de ses apologistes, bien qu'elle ne soit pas d'un ennemi : ce récit, — fort différent de la vie imprimée en 1789 et de cette autre biographie mensongère dont le manuscrit, attribué à La

Houssaye-Pegeault, est à l'Arsenal, — nous paraît l'œuvre d'un contemporain qui avait bien connu l'abbé, ou du moins quelqu'un de son intimité. On y trouve, avec un air de modération et de bonne foi, des faits précis, notamment un long détail des fêtes célébrées à Londres en l'honneur de Dubois pendant son ambassade. Bals, dîners, chasses et concerts, tout y figure jusqu'aux indigestions de l'abbé, « survenues à la suite de banquets de 800 couverts. » Sur plus d'un point, la correspondance diplomatique confirme les dires du biographe anonyme ; nous nous bornerons à ce court passage d'une lettre de Dubois au régent : « Je suis allé lundi souper avec le roi à Hamptoncourt, et le lendemain je l'ai suivi à Guilfort pour voir les courses de chevaux. Milord Onslow, chez qui le roi dîna, m'ayant porté à petit bruit la santé de votre altesse royale avec du vin de Chypre de quatre-vingt-dix ans que son frère lui a envoyé de Constantinople, le roi s'en étant aperçu demanda du même vin, et m'ordonna de choquer mon verre avec le sien, et dit tout haut : « *A la santé de M. le régent, le bon ami de l'Angleterre* ! » ce qui fut répété par cinq cents voix et bu de la même manière à sept ou huit tables où était la principale noblesse d'Angleterre. »

Ces *santés* trop fréquentes mirent au lit pour quinze jours l'hôte de la Grande-Bretagne, avec la toux, la fièvre, la goutte au genou et un rhumatisme à la hanche. Menacé « d'une catastrophe dans sa fragile machine, » il consulta Chirac. « Le travail et les chagrins, les repas et le vin ne m'ont pas fait un sang fort doux. Incapable de toute occupation suivie, je ne fais plus rien que souffrir impatiemment. Je prends du lait de vache coupé le matin et le soir, un lavement par vingt-quatre heures et un potage à dîner… Je suis bien aise, monsieur, ajoutait-il avec sa bonne humeur toujours gaillarde, qu'on vous ait donné le *Jardin du roi*, c'est la promenade des amans qui boudent et qui veulent se raccommoder ; vous étendrez ; cette destination à ceux qui ne peuvent se raccommoder. » — Quels étaient donc les « chagrins » que Dubois accusait de lui aigrir le sang ? quelles peines d'esprit pouvaient se mêler à la douceur de ces relations si cordiales qui lui garantissaient le fidèle appui de l'Angleterre ?

Albéroni, décidé à tout pour ruiner l'homme et le système qui tenaient en échec sa politique, avait fait subitement volte-face ; tandis qu'il ourdissait en France la conspiration de Cellamare, il offrait au régent l'alliance espagnole avec tous les avantages si laborieusement cherchés dans l'alliance anglaise. L'offre, habilement présentée, avait séduit l'esprit indolent du prince par la flatteuse apparence de concilier, sans plus d'ennui, ses intérêts personnels et ses devoirs de famille, — de couper court aux tracasseries de l'intérieur. Il s'en ouvrit à Dubois. Celui-ci, démêlant l'artifice, et se sentant touché par ce coup imprévu, représenta au régent combien était suspecte l'amitié d'un ennemi qui venait se jeter brusquement dans ses bras, quel piège cachait cette manœuvre, dont le but se démasquerait aussitôt qu'on aurait réussi à détacher la France de l'Angleterre. « C'est un point bien délicat, monseigneur, que les nouvelles ouvertures que l'on a faites à votre altesse royale. J'ai frémi à la vue de ce qu'on lui propose. Quand je serai instruit du détail de ce projet, je consulterai mon sixième sens qui me donne quelque instinct pour ce qui regarde votre altesse royale, et je lui dirai pour lors mon sentiment. Quand on a affaire à des fous, des fripons, des ennemis personnels et des concurrens, la prudence veut qu'on ne prenne aucun engagement avec eux sans de grandes précautions. Le lion qui a une épine au pied se la laisse tirer avec toute douceur ; mais, lorsqu'il a repris ses forces, il n'y a que dans la fable qu'il se souvient du bienfait. » Cette dépêche est du 11 novembre 1717. Le moment était critique ; jamais l'œuvre et la fortune de Dubois n'avaient couru si grand hasard. Il comprit qu'il fallait tout risquer pour sauver tout ; il offrit sa démission et revint à Paris s'expliquer avec le régent. Une fois sur le terrain des intrigues ennemies, il prit sa revanche des demi-succès remportés contre lui en son absence, et ressaisit le maître qui lui échappait. Il put bientôt écrire à Stanhope : « Milord, M. le duc d'Orléans n'a point changé de sentiment et ne sera ébranlé par aucune proposition contraire. » Dubois rentrait à Londres le 31 décembre, après un mois d'éloignement.

Ce n'était là toutefois qu'un avantage précaire, une paix sans sécurité ; le péril, un instant conjuré, renaissait sous une forme plus redoutable. Albéroni, usant d'une habileté souvent employée en France par la diplomatie étrangère, et qui lui réussit toujours parce qu'elle a, pour complices nos passions et notre sottise, excita dans Paris, par ses émissaires, par tous les moyens de presse et de publicité alors connus, un soulèvement de l'opinion contre Dubois et sa politique : le parti déjà formé, qui n'attendait qu'un mot d'ordre, se déchaîna en paroles avant de passer à l'action, et enflamma l'esprit public de ses récriminations et de ses colères. Ce bruit, dont l'écho portait jusqu'à Londres, troublait et irritait l'ambassadeur. « N'est-ce pas une chose monstrueuse que cette fureur contre l'affaire qui se traite actuellement ? Je suis dans le dernier étonnement quand je vois qu'on fait des assemblées sur une négociation comme sur la constitution *Unigenitus*, qu'on lit des mémoires dans les maisons, qu'on en publie dans les rues, et qu'on commet un intérêt de cette importance au caquet de tout le monde. En vérité, son altesse royale est trop trahie ; tout ce que je lui écris dans mes dépêches transpire au point que tout ce qui peut être nuisible à ses affaires roule dans Paris et puis voyage jusqu'à Madrid… Je ne puis assez déplorer le malheur de monseigneur, qui pleurera des larmes de sang, s'il perd cette occasion, qui est la seule qui pouvait le rendre indépendant et sauver le royaume. » L'histoire de la vénalité de Dubois, recueillie plus tard par Saint-Simon, qui n'y croyait pas en 1718, puisqu'il soutenait la même politique, est de ce temps-là probablement, et vient d'une source espagnole ; quelques lettres écrites de Paris à Dubois nous semblent y faire allusion. « Vous seriez surpris, monsieur, combien on crie ici contre la négociation ; je vous plains toutes les fois que j'entends les choses étonnantes qu'on en dit. Prenez bien garde aux engagemens que vous prendrez ; rien ne saurait être pour vous d'une aussi grande conséquence. » C'est dans cet état violent, dans la fermentation et la rumeur de l'Europe politique, que s'écoulèrent les onze mois de l'ambassade de Dubois.

Un trait de sa correspondance mérite d'être signalé. Elle ne roule pas uniquement sur des matières diplomatiques : les affaires privées de l'abbé y sont mêlées aux intérêts de l'état ; le même courrier apporte, avec les graves nouvelles des dépêches officielles, d'autres lettres remplies des plus minces détails de l'économie domestique, et il y a partout, entre le ménage de l'ambassadeur et les secrets de son portefeuille, un contraste piquant. Il avait laissé à Paris, pour garder la maison, un sien neveu de Brives-la-Gaillarde, qu'il appelle dans ses lettres « un homme de l'autre monde ; » dévoué à l'oncle protecteur de la famille, tremblant sous la menace de ses terribles vivacités, ce provincial à moitié dégourdi, naïf et madré comme un paysan de comédie, figurait une sorte de maître Jacques, intendant, valet et secrétaire, un excellent serviteur à toutes fins. Au premier rang de ses attributions et de ses multiples responsabilités était la cave, grand objet des sollicitudes de l'abbé et l'un des instrumens de sa diplomatie. Sur un signe du maître, les expéditions de vin se succèdent, accompagnées des rapports les plus précis du sommelier. « Monsieur, j'ai fait tirer en bouteilles les deux tonneaux que vous m'avez demandés. Il y a eu 107 bouteilles de vin bien clair et 8 dont le vin était trouble parce que c'était ce qui approchait de la lie. Les premières sont ficelées, cachetées et prêtes à être emballées. On prendra de chez M. Hénault (le président) 43 bouteilles pour faire un panier qui partira cette semaine. Nous fîmes hier un état de tout ce qui se trouva dans vos caves. Nous trouvâmes beaucoup de bouteilles de bière et de vin de Cherès cassées. La force du vin et de la bière les avait fait peter, et les éclats de verre avaient sauté par-ci par-là dans la cave ; il y en eut une qui creva lorsque nous y étions, le cul de la bouteille sauta, et la bière se répandit à terre en moussant comme du lait. Outre les cassées, il y avait des bouteilles qui étaient toutes vides, quoique bouchées et ficelées ; d'autres étaient à demi pleines, d'autres un peu plus ou un peu moins qu'à demi. Je vous envoie l'état de ces bouteilles. »

Nous avons regretté de ne pas retrouver cet « état, » bien que ce ne fût pas encore une cave de cardinal-ministre. La Palatine, mère du régent, ne dédaignait pas d'y puiser, et ces emprunts d'altesse désespéraient le neveu, qui, craignant de se compromettre en refusant ou en donnant trop, demanda des instructions. « Il reste fort peu de bouteilles de vin de Tokay, et Madame doit revenir de Saint-Cloud au premier jour ; ainsi il y a apparence qu'elles ne dureront pas longtemps. Lorsqu'elles seront finies et qu'on en viendra demander, faudra-t-il dire qu'il, n'y en a plus, ou bien faut-il tirer quelque tonneau en bouteilles, afin de pouvoir toujours en donner, et, supposé qu'il faille en tirer quelqu'un, est-ce nous qui devons acheter les bouteilles et les bouchons, ou bien dire à celui qui vient demander le vin qu'il apporte de l'un et de l'autre pour tirer la pièce ou les pièces qu'il jugera à propos ? » Entre l'oncle et son prudent neveu s'engagent des dialogues dans le genre de celui-ci :

« LE NEVEU. — Votre vin de Bourgogne se gâte, il file comme de l'huile.

« L'ONCLE. — Je ne comprends pas la vidange de mon vin de Xérès.

« LE NEVEU. — J'ai prié, selon votre ordre, M. le premier président de Bordeaux d'acheter pour vous six pièces de vin de Pontac, que l'on préfère au plus excellent vin de Champagne.

« L'ONCLE. — Ayez grand soin de remplir les tonneaux de vin de Tokay avec des cailloux bien lavés. »

Après la cave, la garde-robe ; autre sujet d'activé correspondance et parfois de controverse. Dubois était débarqué à Londres sans habit et sans carrosse ; or il avait besoin de faire figure à la naissance très prochaine d'un fils du prince de Galles. « Je vous recommande avec instance mon carrosse, faites en sorte que tout soit du meilleur et du plus beau. Priez le tailleur, M. Coche, de m'envoyer un justaucorps et une culotte de velours violet, avec une veste et des manches qui relèvent sur l'habit, d'une belle étoffe à son choix. Dès qu'il sera fait, il faut mettre un peu de poudre sur les épaules, comme s'il avait été porté. Ne perdez pas de temps. » Le neveu répond : « J'ai remis au messager une boîte couverte de toile cirée qui contient votre habit de velours, avec l'étoffe d'or pour les manches ; l'un et l'autre sont très beaux et très chers. On a mis à l'habit des boutons et des boutonnières d'or, quoique vous ne le marquiez pas, parce que autrement il aurait été trop simple. Vous trouverez aussi dans la boîte un paquet de cure-dents à la carmeline et votre cachet d'or. » Ce bel habit, dont l'étoffe coûtait 105 francs 12 sous l'aune, ne suffisant pas, l'ambassadeur en demande un autre moins façonné, et en même temps une tabatière avec 4 livres de tabac. « Faites-moi faire un habit de camelot violet pour ne pas porter toujours le même. Les souliers que vous m'avez envoyés sont trop pointus, et la semelle en dedans est si raboteuse que je n'ai pu m'en servir ; d'ailleurs ils sont très mal faits, car une partie du talon est beaucoup plus en arrière que le pied. Si vous savez où je prends du tabac à râper, qui est dans une boutique à l'entrée de la place Dauphine, je vous prie de m'en envoyer 4 livres. » — « On vous a acheté, monsieur, écrit le neveu, votre tabac et une tabatière d'or qui a coûté 631 livres. »

Ceux qui ont le goût réaliste et qui se plaignent que l'histoire, idéalisant ses personnages, nous les montre toujours en scène, solennels comme des héros de tragédie, ne peuvent adresser ce reproche à la correspondance de l'abbé Dubois : les petits côtés de la vie humaine n'y manquent pas, et les tons heurtés y sont aussi fréquens pour le moins que dans un drame de Shakspeare. Le défilé des provisions passe et repasse sous nos yeux dans sa variété pittoresque : jambons, poires, fromages, linge de table, marmelades, truffes du Périgord, tout y est, jusqu'aux cure-dents à la carmeline. « Vos jambons se gâtaient, monsieur, et les souris les mangeaient, quoiqu'ils soient suspendus à des crochets ; je fis choisir les deux meilleurs que nous enveloppâmes ; dans du foin et que nous mîmes dans le coffre de votre carrosse. » — « Envoyez-moi, répond l'abbé, un petit panier de fromages du Pont-l'Évêque ou de Marolles et deux fromages de Brie. Dès qu'il fera assez froid pour faire voyager des truffes en sûreté, écrivez à Brives qu'on vous en envoie. » Le neveu ayant objecté qu'on ne trouvait rien cette année en fait de truffes qui vaut la peine d'être expédié, l'oncle insista, et les truffes partirent. « J'ai reçu vos truffes, elles ont fort bien réussi. Demandez à Mme Duclos (la femme de l'académicien) deux douzaines de pots de marmelade de fleurs d'oranger. »

Il n'est pas jusqu'au poète comique Destouches, premier secrétaire de l'ambassade, qui ne s'occupe des questions de ménager quand l'abbé est à Paris, Destouches lui écrit : « Votre maître d'hôtel vous supplie très humblement, monsieur, de vouloir bien envoyer ici vos jambons et quelques paniers de poires de bon chrétien et de pommes reinettes. Il croit que cela pourra vous épargner de la dépense, parce que le fruit est extraordinairement cher en Angleterre. » Le neveu expédia plus tard les poires et les reinettes « à 11 sous pièce, » avec les confitures de Mme Duclos. « La caisse, qui est partie le 12 de ce mois de février par des rouliers, contient trois cent trente poires, six boîtes de confitures de pommes, douze coffres de fruits secs, les pots de marmelade liquide à la fleur d'oranger, et quelques vieilles bardes de Thoinon. Je vous envoie en outre une troisième boîte de truffes que j'ai reçue hier de Brives. » Tout cela, nous le répétons, se croise avec les plus grosses nouvelles politiques, avec les menaces d'Albéroni, les défaillances du régent, les tergiversations de l'empereur, et c'est dans la crise de ses anxiétés et de ses colères que l'abbé reçoit des lettres comme celle-ci : « Monsieur, le feu ayant pris à la maison du voisin dans une cheminée, j'ai fait ramoner toutes les cheminées de votre appartement. Michenot, votre palefrenier, arriva hier de Calais ; j'ai appris avec bien du chagrin par lui la mort de votre jument. Voici le mémoire du linge dont j'ai remis le ballot au coche : sept douzaines de serviettes communes, deux douzaines de tabliers de cuisine, douze essuie-mains, onze nappes de cuisine, cinq douzaines de torchons, dix-huit paires de gros draps. Ce paquet pesait 235 livres, et a coûté 35 livres 5 sous de port jusqu'à Calais. » Un incident vint compliquer les embarras que lui donnait l'agitation des chancelleries européennes : son cuisinier tomba malade. Alité lui-même, incapable de travail, il surmonta ses douleurs et écrivit à tous ses amis de France de lui chercher un maître-queux du premier ordre. Une liste de candidats lui fut envoyée qu'il discuta fort sévèrement : « vous me parlez du cuisinier de feu M. d'Armenonville ; mais M. d'Armenonville ne se connaissait pas en bonne chère : l'évêque d'Orléans son frère ne mange que des salsifis, et il est impossible qu'il sorte de cette école un bon officier. » Aux séductions de la table, Dubois ajoutait les soins délicats de la galanterie. Ayant longtemps vécu dans une condition subalterne et observé de ce point de vue l'envers et le dessous des choses humaines, le jeu des ressorts mystérieux qui déterminent la volonté des puissans de ce monde, en un mot les adresses infinies du grand art de plaire, il avait appris à estimer l'efficacité pratique des petits moyens : renfort utile qui doublait les ressources de son intelligence supérieure. Suivant le biographe anonyme, déjà cité, les manières insinuantes de l'abbé Dubois et la grâce de son esprit l'avaient mis en faveur auprès du sexe ; « s'il eût été homme à bonnes fortunes, il aurait fait beaucoup de conquêtes. Ceux toutefois qui connaissent la carte du pays de Tendre savent qu'il y a voyagé agréablement, mais toujours avec discrétion. » Ses habiles prévenances se font sentir en même temps à Londres et à Paris. Il se met aux ordres des princesses d'Orléans pour les raretés et les curiosités d'Angleterre ; il fournit de boîtes d'épingles la Palatine, qui lui a recommandé cette fantaisie : à Londres, il distribue aux dames de la cour des étoffes précieuses et des robes à la mode de Paris.

Avec quelle attention il étudie le dessin des étoffes, en assortit les nuances à l'éclat particulier de la beauté des dames ! C'est une affaire d'état : il écrit à Mme Law, à Mlle Fillion, couturière, et met en campagne l'éternel neveu ; il envoie, avec les mesures, des indications détaillées sur la couleur des cheveux, l'air du visage et l'embonpoint de la personne, sans oublier l'article des doublures. « Je vous prie, madame, de choisir une étoffe riche dont le fond soit blanc pour en faire un habit à la duchesse de Munster, qui

est une très grande et très grosse femme, qui a des cheveux et des sourcils noirs et la peau fort blanche. Il faut un autre habit riche pour Mlle de Schulembourg sa nièce, qui a des sourcils noirs et des cheveux châtains. Il faut en outre deux étoffes fort riches pour faire deux habits à deux jeunes dames, parentes de milord Stanhope. Avec ces six étoffes, il en faut encore de deux façons pour faire deux vestes ou tuniques à la turque, de sorte qu'il en faut six aulnes pour chacune. Il faut que ces deux dernières étoffes soient brillantes et aient l'air étranger. Les dames pour qui sont ces habits ont envoyé leurs mesures à Mlle Fillion, couturière. »
— Une lettre de l'ambassadeur à Mlle Fillion priait celle-ci de se donner la peine de passer le plus tôt possible chez Mme Law, à la place Vendôme, et, répétant les indications qui précèdent, y ajoutait ce détail : « les queues ne doivent pas être coupées, mais doublées de taffetas à l'anglaise. » Deux jours après, il s'aperçoit qu'il a commis un oubli, et se hâte de le réparer par une seconde lettre à Mme Law. « Il faut que chacune des deux pièces d'étoffes riches qui doivent être achetées pour faire deux habits soit de vingt aunes. Ici le tour d'une jupe est de trois aunes trois quarts. Les manteaux sont fort amples et les queues fort larges. » Quand les habits sont prêts, Dubois veut montrer aux dames de Londres comment on les porte à la mode de Paris. Il prie Mlle Fillion « de faire fabriquer une grande poupée, laquelle puisse faire voir aux dames anglaises de quelle manière celles de France sont habillées et coiffées, et portent le linge. » Le neveu se récrie : « mais cette poupée coûtera pour le moins 300 livrés, et ni Mme Law ni la

Fillion ne veulent la commander avant d'être assurées du paiement. » Lui-même il n'a garde d'avancer, sans un ordre formel, une pareille somme.

Pendant que Dubois parlait chiffons à Mme Law, il entretenait avec son mari un plus sérieux commerce ; Law était pour lui, comme Nocé à cette époque, un ami politique du premier degré. Nocé, esprit bizarre, philosophe à la façon du grand-prieur de Vendôme, préférait le repos aux dignités, un crédit obscur auprès du régent à d'éclatantes faveurs. Très attaché à ce prince, il le servait sans ambition, ce qui dans une cour pleine d'intrigues lui donnait le flegme et l'impartialité d'un sage. Plus fidèle que Nancré, qui, chargé d'une mission diplomatique en Espagne à la demande de Dubois, s'y barbouilla dans des « patricotages » et perdit la confiance de l'abbé, Nocé soutint, sans jamais varier, l'alliance anglaise ; comme la rupture était consommée entre Huxelles et Dubois au point que le maréchal cachait au conseil de régence les dépêches de Londres, tout l'essentiel de l'affaire passait par les mains de ce roué intelligent, dont les services, très appréciés de l'ambassadeur, furent trop vite oubliés du cardinal-ministre. Appuyé sur Nocé pour la politique étrangère, Dubois, d'un autre côté, avait lié sa partie avec Law, et trouvait en lui un puissant auxiliaire des projets de réforme qu'il méditait dans le gouvernement. D'accord sur le but et sur les moyens, nos deux ambitieux avaient résolu d'exclure les importans de la première heure, Noailles, Huxelles, d'Aguesseau, de supprimer les conseils, d'abaisser le parlement, de rétablir l'omnipotence des secrétaires d'état, c'est-à-dire de simplifier et de renouveler la machine au profit d'un personnel nouveau. Law, à portée de saisir dans l'intimité du prince l'occasion propice, hasardait les ouvertures délicates et. insinuait ses idées ; , il sondait d'Argenson, serviteur-né des coups d'état, mais très fin personnage, qui louvoyait encore et refusait de s'engager trop tôt.

Dubois, à Londres, rédigeait des mémoires que Law faisait passer sous les yeux du régent. On y démontrait au prince « la nécessité de constituer son gouvernement sur un plan simple et commode, où l'autorité fût concentrée de telle sorte qu'à la majorité du roi le régent pût devenir le premier ministre de sa majesté : dans cette vue, il fallait écarter des principales places les gens de haute volée qui pourraient inspirer au roi de secouer la dépendance de son oncle ; on devait n'employer que des personnes sûres, ayant tout leur intérêt dans un dévoûment absolu à son altesse royale. » En janvier 1718, la disgrâce de Noailles et de d'Aguesseau donna une première satisfaction à l'auteur de ce mémoire ; il en félicita le régent au nom du roi d'Angleterre. « Vous avez fait, monseigneur, les deux seules choses qui pouvaient être difficiles à faire pour corriger votre gouvernement. Soutenez-les avec hauteur ; il est maintenant facile, après un tel préliminaire, de former un gouvernement à souhait et pour le présent et pour l'avenir. Le roi en a témoigné de la joie et de la fierté, comme s'il avait eu quelque grand avantage. Il m'a ordonné de vous féliciter de sa part du bon chemin que vous preniez. » Le nouveau garde des sceaux, d'Argenson, qui devait être le bras de l'entreprise dont l'abbé était l'âme, reçut de lui ce compliment. « J'avais besoin, monsieur, de cette nouvelle, qui a été reçue avec les applaudissemens qu'on donnait à Hercule après la défaite des monstres. Je dormirai dorénavant en repos et je travaillerai sans distraction. Voilà le plus mauvais grain séparé. Il faudra encore quelque coup de crible, mais ces héros méritaient la distinction de n'être pas confondus dans une réforme générale. » Pour le dernier « coup de crible, » on attendait la conclusion du traité de Londres ; c'était le signal convenu de la grande bataille qui restait à livrer. « Ces établissemens fixes et durables, disait le mémoire, se feront après la signature du traité qui est sur le tapis, et qui affranchira son altesse royale des craintes les plus pressantes. » En stratégiste consommé, Dubois menait de front et soutenait par ce concert les deux opérations.

Pour exciter ses amis et surveiller ses ennemis, il avait fait partir dès le mois de mars un attaché d'ambassade, Chavigny, dont la mission apparente était de porter en France le diamant *le Régent,* avec la quittance des sommes reçues par M. Pitt. Saint-Simon se vante d'avoir décidé le duc d'Orléans à cette acquisition onéreuse, mais digne de la couronne ; en toute affaire d'importance, le duc vaniteux n'a jamais vu que les surfaces et la plus légère écorce : il ignorait ici le fin des choses, la raison cachée, moins noble, il est vrai, que les motifs qu'il fait valoir. En payant le prix demandé pour *le Régent,* on avait acheté du même coup l'adhésion tacite d'un chef de parti au traité de La Haye ; le silence de l'opposition dans la chambre des communes était le pot-de-vin du marché. Chavigny, par ses fonctions diplomatiques, avait accès auprès du régent et du monde officiel ; il y prenait, comme on dit, l'air du bureau, et composait de tout ce qu'il avait entendu des rapports volumineux qu'il adressait à Dubois chaque semaine. Désigné pour la prochaine vacance du poste de ministre à Gênes, il s'évertuait, se faisait de fête, jaloux de plaire à un homme dont il avait le secret et qui étendait visiblement sa main sur le portefeuille des affaires étrangères. Il travaillait pour Dubois avec l'âpreté fidèle d'un subalterne assuré d'avoir sa part des dépouilles au lendemain du succès. « Hier, j'ai eu audience de M. le régent. — Oh ! m'a-t-il dit, l'abbé a bien de l'esprit et me sert bien ! — Et comme, en parlant de vos envieux et de leurs intrigues, j'ajoutais que c'est sans doute votre esprit et votre zèle qui les offusquent, son altesse royale a répondu : — Vous l'avez dit. — Là-dessus, M. de Nocé m'a appuyé et a fait merveille. Je suis persuadé, monsieur, qu'à votre retour vous serez le maître absolu dans cette cour. J'ai causé aussi avec M. d'Argenson, qui m'a assuré de son dévoûment pour vous, et qui m'a dit : — Oh ! M. l'abbé est bien avec le maître, ce qui s'appelle bien. Il peut avoir toutes les vues qu'il voudra. » Sur les indications que lui envoyait Dubois, Chavigny visitait Saint-Simon, Torcy, Tallard, Villeroy, personnages favorables à l'abbé ou déclarés contre Huxelles. Il conférait avec eux, s'ingéniait, en diplomate de la bonne école, à les faire causer, à mettre en verve la rancune ou l'orgueil de ces merveilleux seigneurs. Répandu dans les meilleurs endroits de Paris, il écrivait la gazette politique des salons, et traçait de minutieuses peintures de l'opinion, sans oublier même les détails fâcheux, lorsqu'ils avaient chance d'être utiles. Si Chavigny dit vrai, Saint-Simon était de feu pour Dubois et sa politique en 1718. « M. le régent ayant demandé à M. de Saint-Simon ce qu'il pensait de la négociation, il a répondu que tout ce qu'il en avait appris par morceaux était bon. Il vous rendit beaucoup de justice. Vous pouvez être sûr qu'il ne tiendra qu'à vous que vous soyez lié plus étroitement avec lui. M. de Saint-Simon est fort de vos amis et de vos plus zélés partisans ; il adore votre besogne et ne cesse de la prêcher à son altesse royale. Il m'a dit qu'il était votre ancien ami, qu'il vous assurait de sa reconnaissance et de son dévoûment. » Saint-Simon « adorateur de la besogne » de Dubois ! quel trait de lumière jeté en passant sur ces caricatures sanglantes où le fougueux duc a travesti son siècle et s'est travesti lui-même !

Tout servait aux desseins de l'ambassadeur, les amitiés littéraires aussi bien que les relations politiques. Il avait pour maxime que a rien n'est indifférent à qui sait faire usage de tout. » Nous l'avons vu écrire à Fontenelle ; il écrit à l'abbé de Targny, de l'Académie des Inscriptions, et lui demande comment on dit en latin secrétaire du cabinet du roi et du conseil des affaires étrangères. Il a pour correspondant assidu l'abbé de Saint-Pierre, qui, avant le voyage de Chavigny, lui envoyait des nouvelles de Paris.

Une lettre de Dubois fera connaître le ton familier de cette correspondance. « Je m'aperçois terriblement, mon cher abbé, que vous m'avez abandonné, car je n'apprends plus rien de France. Tout autre que vous aurait droit d'exiger de moi des remercîmens fréquens ; mais un philosophe et un citoyen doivent agir sans aucun intérêt personnel, et combien de choses vous avez faites sans aucun retour de la part de ceux pour qui elles ont été faites ! Continuez donc à me mander ce qui se passe, avec vos réflexions et celles du public, sans souhaiter que je vous réponde. Parlez-moi comme on parle à Dieu, je ne vous promets pas une récompense éternelle, mais une reconnaissance qui ne finira point, et, si j'échoue dans ma négociation, j'ai dessein de rétablir mon honneur en faisant accepter l'arbitrage universel. » Si Dubois négligeait de répondre à ses amis, il n'oubliait pas leurs intérêts. Tout en négociant la quadruple alliance, il demandait au régent l'abbaye d'Euron pour l'auteur de *la Paix perpétuelle*.

Trop spirituel pour n'aimer pas les gens d'esprit, même un peu chimériques, on dirait qu'il a le pressentiment du rôle nouveau que le XVIIIe siècle réservait à la littérature. Au moment où Albéroni soulevait contre lui la légèreté parisienne, Dubois songeait à le combattre par le ridicule ; il eût voulu qu'une muse bien inspirée s'égayât aux dépens de l'éminence belliqueuse dans quelque joli vaudeville et mît les rieurs du bon côté. Il chargea M. Dubourg, à Vienne, d'en suggérer l'idée à Jean-Baptiste Rousseau, réfugié alors chez le prince Eugène, et de lui faire savoir le prix qu'il attachait à l'accomplissement de ce désir. « Je n'ai pas pu m'empêcher, monsieur, de souhaiter que dans Paris, où Albéroni a pris soin d'avoir tant d'émissaires, il fût rendu odieux et ridicule par quelque vaudeville que le sel et la gentillesse mît dans la bouche de tout le monde ; mais nous avons perdu le seul homme qui pût brocarder dignement ce faiseur de sauces, et vous l'avez à Vienne. Vous jugez bien que je parle de M. Rousseau. S'il voulait faire quelque chose qui pût être chanté dans Paris et qui fût bien frappé à son coin, il ferait une chose agréable à beaucoup de puissances, et peut-être n'a-t-il rien écrit qui lui fût plus utile. Je n'ai pas voulu l'en prier directement, bien que je compte sur son amitié ; mais, s'il saisit cette occasion, il me fournira peut-être le moyen de lui donner des preuves de la mienne. Je vous prie de lui montrer ma lettre et de l'assurer que je désire avec passion faire quelque chose qui lui fasse plaisir. » Le cours rapide des événemens enleva l'à-propos à cette démarche, qui est du 8 juillet, et dont nous ignorons la suite. Dubois trouvait d'ailleurs à Londres même, dans l'amitié de Stanhope, des secours bien autrement efficaces que tous les vaudevilles du monde.

Le secrétaire d'état lui communiquait, sur les intrigues de l'Espagne en France, des renseignemens tirés de l'ambassadeur de Philippe V, Montéléon. L'abbé, les mains pleines de preuves, avertissait et animait le régent, lui montrait jusque dans ses antichambres et ses conseils les complices du « boute-feu Cellamare, » et l'armait d'énergie pour les résolutions extrêmes. C'est ici qu'il faut placer la vraie découverte du complot espagnol ; elle n'est point due à d'obscurs révélateurs, l'employé Buvat, à la Fillion : la lumière est venue d'Angleterre, et Dubois tenait tous les fils de la trame quand il quitta Londres au mois d'août 1718. L'écrivain de la Bibliothèque du roi, Buvat, vint lui révéler, dit-on, au commencement de décembre, les correspondances qu'il transcrivait à l'ambassade d'Espagne ; mais le copiste ignorait que depuis six mois ses rapports avec les chefs de la conspiration étaient connus et surveillés. Dans une lettre du 16 juillet 1718, Dubois en prévient l'abbé de Targny, le supérieur de Buvat, et lui recommande d'interroger avec précaution son employé. « Le prince de Cellamare, dit-il dans cette lettre, a envoyé ici un mémoire que je n'ai qu'entrevu, mais dans lequel j'ai reconnu au premier coup d'œil l'écriture de votre écrivain de la Bibliothèque du roi. Il n'est point blâmable d'avoir fait cette écriture, mais il pourrait être important de savoir qui lui a procuré la pratique de l'ambassade d'Espagne, et ensuite d'observer si on pourrait faire quelque usage de lui pour avoir des copies de ce qu'il écrit pour cet ambassadeur, ou du moins pour être averti de tout ce qu'il écrit, et en savoir le sujet et ce qu'il pourra en retenir. Si honnête garçon que soit votre écrivain, comme il s'agit du service de l'état, il ne doit pas faire scrupule de donner toutes les lumières qu'il pourra. Il manquerait tout au contraire au devoir de fidèle sujet du roi, s'il ne contribuait pas en tout ce qu'il pourra à ce qui peut être de son service. Je vous supplie, monsieur, de suivre cela avec votre sagesse ordinaire et de vouloir bien m'en instruire et d'être persuadé de ma reconnaissance. » Voilà qui diminue singulièrement le prix des révélations attribuées à Buvat, et l'on comprend maintenant pourquoi Dubois refusa de récompenser sa tardive déposition, suggérée ou commandée par l'abbé de Targny. Au milieu de l'été de 1718, au moment où Dubois suivait à Londres la trace des menées espagnoles en France, les résultats déjà mûrs de sa politique patiente faillirent sombrer dans une dernière tempête. L'empereur avait promis son adhésion au traité ; mais Albéroni, poussé à bout et comptant sur un coup de force à Paris comme en Sicile, refusa formellement la sienne : les illusions conservées jusqu'alors sur la possibilité d'un accommodement se dissipèrent ; il devint manifeste que le premier fruit de l'alliance anglaise serait pour la France une guerre avec l'Espagne, et l'idée de s'armer contre un petit-fils de Louis XIV révoltait les plus indifférens. En quelques jours, Dubois reperdit dans l'opinion le terrain qu'il avait péniblement conquis ; il sentit, cette fois encore, chanceler son maître, étourdi de tant de clameurs et sincèrement affecté lui-même de l'apparence fâcheuse du rôle qu'on lui préparait. A la fin de juin, tout semblait remis en question. « Je suis outré de douleur, écrivait Chavigny, et je ne vous dis pas la centième partie de ce que j'ai sujet de penser. Il y a longtemps que je suis familiarisé avec les sujets d'affliction ; mais aucun ne m'a jamais tant touché que ce qui se passe en ce moment. » Cédant aux instances de Dubois, Stanhope paya de sa personne et vint en France sauver l'œuvre commune. Il apportait au régent cette lettre du roi : « Mon frère et cousin, ayant trouvé à propos, dans cette conjoncture délicate, de faire partir incessamment le comte Stanhope, un de mes principaux secrétaires d'état, je l'ai chargé de vous renouveler de la manière la plus forte les assurances de mon amitié et de mon estime très parfaite pour votre personne. Il vous expliquera plus au long, avec le comte Stair, le sujet de son voyage et mes sentimens sur la grande affaire à laquelle nous travaillons ensemble pour le bien de l'Europe. Je me persuade que vous apporterez toutes les facilités possibles à l'accomplissement d'un ouvrage si nécessaire, et je vous prie d'ajouter une entière foi à ce que ledit comte vous dira de ma part, et principalement aux assurances que je lui ai ordonné de vous faire de mon amitié constante et de la sincérité très particulière de mes sentimens pour vous. »

Flatté et rassuré par cette marque publique des intentions du roi et par l'effet produit sur l'opinion, le régent accueillit Stanhope avec une joie qu'il ne chercha pas à dissimuler ; toutes les difficultés s'évanouirent, même au conseil de régence, et une convention préliminaire fut signée le 17 juillet. Ici encore Chavigny est le fidèle narrateur des incidens qui signalèrent cette conclusion, et des sentimens qu'elle fit éclater dans les deux camps. « Le Voyage de M. Stanhope est notre salut. Son altesse royale est ravie de le voir arriver ; il lui est échappé plus de dix fois des exclamations de joie. — Son altesse royale nous a dit de vous mander que tout était fini. Elle est remplie d'une satisfaction indicible. Joie en soit à votre excellence. » Ce n'était pas, on le pense bien, sans un violent dépit que les envieux de Dubois, qui se croyaient sûrs de vaincre, avaient essuyé cette déroute de leurs espérances. Forcé de signer la convention, après avoir tout fait pour la rendre impossible, ou de donner sa démission, le maréchal d'Huxelles signa, avec la conscience du déshonneur qu'il s'infligeait par cette triste faiblesse, qui ne sauva pas son portefeuille. Saint-Simon, son ennemi, a vivement conté les colères et les bravades de ce superbe personnage, ses déclarations « qu'il ne signerait jamais, qu'il se moquait de sa place, » le manège de ses faux-fuyans et le scandale de ses palinodies ; mais ce récit contient une singulière méprise. La scène est placée en 1717, après la triple alliance, dans une situation tranquille et qui ne pouvait point soulever d'orages, erreur d'autant plus étonnante que Saint-Simon a figuré comme témoin et comme acteur dans les agitations de 1718. Une lettre de Chavigny, datée du 13 juillet, nous donne le résumé d'une conversation de notre duc, et en quelque sorte sa première version sur l'événement : « M. de Saint-Simon m'a dit qu'il a été un de ceux qui ont le plus fait remarquer à son altesse royale combien sa réputation souffrait à tolérer le refus du maréchal d'Huxelles. Il m'a donc dit que son altesse royale lui avait fait donner l'option ou de signer ou de quitter sa place, en lui faisant ajouter qu'il n'y avait que trois choses qui pussent l'empêcher de signer : la première, ce serait de regarder le traité comme mauvais, ce qui ne pouvait être, puisque le maréchal avait toujours dit à son altesse royale que le traité était bon ; la deuxième, des engagemens avec l'Espagne, auquel cas il ne conviendrait pas à son altesse royale de se servir de lui ? la troisième, une jalousie de femmelette contre M. l'abbé Dubois, ce qui rendrait inexcusable le procédé de M. le maréchal. » L'inadvertance de l'auteur des mémoires sur un point qu'il avait parfaitement connu prouve une fois de plus combien ses souvenirs sont confus, et à quelle distance des faits il a composé ses récits.

L'heure de la récompense était venue pour le négociateur ; un succès si complet allait produire tous les fruits qu'en attendait son ambition. Stanhope avait pressé le régent de remplacer Huxelles par l'abbé Dubois ; c'est Chavigny qui nous l'apprend, et qui ajoute : « M. Stanhope songe aussi à vous faire cardinal. Son altesse royale lui a ouvert son cœur à votre égard avec toute l'affection, toute la tendresse et toute la confiance que vous pouvez désirer. » La lettre du régent, qui annonçait à Dubois les heureux résultats du voyage de Stanhope, se terminait par ces mots : « mon cher abbé, je vous attends avec impatience. » L'abbé ne laissa pas se refroidir ce bon mouvement du prince : les plus vives instances de ses amis politiques l'appelaient ; dès que le traité du 2 août fut signé, il précipita son départ. Avant de quitter Londres, tout en faisant ses adieux au monde officiel de l'Angleterre, il voulut régler la question délicate entamée avec Stanhope, on s'en souvient, dans l'automne de 1716. Il écrivit à ce sujet une longue dépêche au régent où, développant ses vues pour le présent et pour l'avenir, il traçait un plan de séduction bienséante et d'honnête corruption à l'usage du gouvernement français.

Sa connaissance du personnel diplomatique européen lui avait suggéré l'idée de changer les façons grossières de la vénalité et de donner au trafic des consciences l'air galant de la bonne compagnie. « Il ne faut rien négliger, monseigneur, pour gagner l'affection des acteurs grands et petits, non par des propositions directes qui leur fassent penser qu'on les croit capables d'être subornés, mais par des manières nobles qui paraissent partir plutôt de générosité que d'un dessein de surprendre leur fidélité. Votre altesse royale a éprouvé le désintéressement de milord Stanhope. Je voudrais pourtant le tenter encore par quelque galanterie, et si votre altesse royale le priait d'accepter un portrait du roi ou d'elle garni de diamans pour le prix de 50,000 écus ou de 200,000 francs, je doute s'il l'accepterait ; mais, qu'il le refusât ou non, cela ne pourrait faire que bon effet. » Là ne s'arrêtent pas les largesses qu'il conseille à la munificence politique du prince. Il demande 100,000 livres en bijoux pour lord Stair, et 40,000 livres de vaisselle pour le ministre de l'empereur, Penterrieder. « Il est certain que l'argent a de l'ascendant sur Penterrieder, aussi la prudence veut qu'on en profite pour animer sa bonne volonté. » Piquant d'émulation son maître dans cet art perfectionné de gagner les cœurs, il fait valoir les nombreux cadeaux que Penterrieder a déjà reçus du roi George, les larges brèches pratiquées de toutes mains dans l'intégrité du diplomate allemand. « A l'occasion du traité de Bade, bien qu'il ne fût alors que simple secrétaire, le roi d'Angleterre lui a donné 3,000 pistoles ; ces jours-ci, il a commandé à son intention pour 20,000 ou 30,000 livres de vaisselle. Je suis assez entêté de la gloire de son altesse royale pour croire qu'elle ne saurait faire trop à la grande certaines choses ; mais d'un autre côté elle épargnera beaucoup par quelques traits de cette espèce. »

Sur la liste des vertus faciles, Dubois avait placé le commis principal Pecquet : il demandait pour lui une gratification de 15,000 livres au régent, et un diamant au roi d'Angleterre. Pecquet refusa le diamant. Dubois, avec sa gaîté triviale et parfois cynique, insista, priant le maître de faire entendre raison à cette probité de l'autre monde. « Je ne puis pas me résoudre à laisser perdre à M. Pecquet le diamant du roi de la Grande-Bretagne, et je supplie votre altesse royale de le forcer à l'accepter. C'est un beau diamant que le désintéressement et la vertu dont il se pique, mais le petit diamant que le roi d'Angleterre lui fait envoyer est si joli qu'il faut que M. Pecquet ou moi l'ayons, et je le conjure donc de ne pas se faire tirer l'oreille pour le recevoir. J'ai donné une telle opinion de lui que pour le corrompre, on n'oserait pas lui offrir 1 million. » Il terminait sa dépêche par une profession de désintéressement personnel qui sans doute ne lui semblait pas inutile après de telles confidences. « En même temps que je me flatte que les libertés d'un ancien domestique ne seront pas désagréables à votre altesse royale, je la supplie de trouver bon, si le roi de la Grande-Bretagne veut me faire un présent, si grand ou si petit qu'il puisse être, que je ne l'accepte point, et de me laisser le soin de prendre des prétextes si respectueux et si polis pour refuser qu'il ne puisse pas en être offensé. ».

Pendant que l'abbé traversait la Manche, l'amiral Byng, père de celui qui perdit Mahon en 1756, battait la flotte espagnole le 11 août près de Messine, et consolidait par un grand succès militaire le traité récemment signé. Nous retrouvons la main et la pensée du diplomate français jusque dans le désastre qui anéantit la marine renaissante de l'Espagne. Il s'était montré l'un des plus ardens à réclamer l'envoi d'une flotte anglaise, à presser l'amiral de brusquer les choses et de « finir tout » par un coup heureux. « Si le chevalier Byng, écrivait-il au régent le 2 août, avait quelque occasion prématurée dont il profitât et qui eût du succès, il y a des circonstances où votre altesse royale ne pourrait s'empêcher d'en paraître fâchée ; mais il n'y en a aucune où elle ne dût être ravie dans le cœur que les forces maritimes de l'Espagne fussent ruinées, et j'avoue à votre altesse royale que j'agirai ici secrètement dans cette vue, à moins qu'elle ne me donne des ordres contraires. » Arrivé à Paris le 16 août, dix jours avant les changemens politiques, depuis longtemps médités, qui relevèrent au pouvoir, la nouvelle du combat de Messine, coïncidant avec la défaite de ses ennemis à l'intérieur, le transporta de joie ; il dicta au régent pour le roi d'Angleterre une lettre dont le brouillon est entièrement de sa main. « Monseigneur, en apprenant par la relation de l'amiral Byng la confirmation de la victoire remportée par la flotte de votre majesté, ma joie serait imparfaite, si mon intérêt seul y avait part, et si je n'étais plus sensible encore à la gloire de ses armes et à tout ce qui doit la faire respecter. Les bonnes intentions de votre majesté pour le repos public méritent que le ciel favorise les soins qu'elle prend pour le procurer, et tous ceux qui ont pris des liaisons avec elle doivent redoubler de zèle pour concourir à la perfection de son ouvrage. » Dans cette lettre peu fière, Dubois triomphait, sans mesure et sans prudence d'un succès remporté par des amis de la veille, nos éternels rivaux. A force d'abonder dans son propre sens, il s'était infatué de l'alliance anglaise au point d'en avoir le cœur anglais. S'applaudir de l'entière destruction de la marine espagnole et de la supériorité marquée de l'Angleterre six ans après la guerre de la succession, ce n'était ni d'un patriote ni d'un homme d'état : à défaut du sentiment français, la prévoyance, cette lumière du génie diplomatique, aurait dû l'avertir et le modérer. Nous touchons ici le point faible, ou plutôt le côté personnel et étroit de la politique de l'abbé Dubois ; c'est le moment de résumer avec précision l'idée que nous laissent ces nombreuses dépêches dont nous avons donné une exacte analyse.

Nous avons à peine besoin de le dire, ce n'est pas la moralité privée de l'abbé Dubois, ni son ambition ecclésiastique que nous voulons juger. Le précepteur du régent, l'archevêque de Cambrai, le cardinal, restent en dehors de cette étude ; sur aucun de ces points, nous n'avons à intervenir entre ses détracteurs et ses apologistes et à nous prononcer. Le diplomate seul est en cause ; c'est le négociateur des traités de Londres et de La Haye que nous avons étudié dans son œuvre, et fait paraître dans son vrai génie, en l'éclairant de documens certains. Sans franchir ces limites, sans excéder la juste portée de ce travail, quelle opinion est-on fondé maintenant à exprimer sur le talent et le caractère de l'abbé Dubois ?

Il faut d'abord écarter, selon nous, ce reproche infamant de vénalité dont l'a chargé Saint-Simon, l'ancien admirateur de sa politique, transformé en ennemi par les ressentimens d'une vanité d'autant plus implacable que les griefs en étaient plus légers. Nous avons vu Dubois dans la situation d'un corrupteur bien plus que d'un corrompu, et en supposant même qu'on l'ait tenté, à la fin, par quelqu'une de ces faveurs lucratives que ne dédaignait point la diplomatie, nous croyons qu'il l'a refusée, et, si l'on veut, nous ferons honneur de ce désintéressement, non pas à son caractère, mais à son esprit. Dubois était trop avisé pour risquer de se perdre auprès du régent, et de donner une telle prise contre lui à l'acharnement de ses ennemis par une faiblesse dont le secret eût certainement transpiré. Vieux et malade, sa vraie ambition, dans ce déclin trop visible et pendant ce peu de jours qui lui sent mesurés, ce n'est pas l'argent, c'est le pouvoir. Une fois maître des affaires, il entasse les biens avec les dignités pour soutenir l'éclat de ses subites grandeurs et répondre aux insulteurs de son passé par la magnificence de sa fortune présente. Quel besoin avait-il de l'argent étranger, lorsqu'il puisait si largement dans les trésors de l'église et dans les coffres de l'état ? Il a laissé un million : quoi d'étonnant ? Le pouvoir en France enrichit vite ; Dubois, premier ministre, avait, en places et en bénéfices ecclésiastiques, près d'un million de revenu. Ce n'est donc pas là, croyons-nous, l'endroit faible et vulnérable de son caractère, cette flétrissure lui doit être épargnée ; mais, s'il n'a pas vendu les intérêts de la France, les a-t-il fidèlement et uniquement servis ?

Reconnaissons-le : ce que Dubois poursuit avec âpreté dans ses négociations, ce n'est ni un accroissement d'influence pour son pays, ni même le repos dont il a besoin. Un seul objet l'occupe : l'affermissement du régent et la consécration de ses droits éventuels à la couronne. De l'intérêt du royaume, il est à peine question dans sa correspondance : le bien de son maître, et, avec l'intérêt du prince, son intérêt à lui, étroitement lié à la fortune du maître, voilà l'unique passion qui l'anime, le grand ressort de son génie et de sa conduite. A Londres comme à La Haye, il est beaucoup moins l'ambassadeur et le représentant de la France que l'envoyé, l'affidé, et, pour parler sa langue, « l'ancien domestique du régent. Il s'est trouvé que l'alliance anglaise, formée dans un intérêt particulier, était d'une bonne politique pour l'Europe et pour la France ; le bien de l'état s'est confondu avec celui du prince : c'est là un surcroît d'avantages, un superflu, que le négociateur est heureux de recueillir ; mais il ne l'a point cherché. Les grands aspects de son œuvre, qui seuls paraissent aujourd'hui et qui la relèvent aux regards de l'histoire, Dubois certainement les a vus, mais ils le touchaient peu, et c'était pour lui, osons le dire, le petit côté.

Dans son dévoûment au régent, il y a une part d'affection sincère qu'il serait injuste de méconnaître. Ni en bien ni en mal, Dubois n'est l'homme des sentimens simples ; les motifs et les moyens, dans sa conduite, sont également combinés : il aime son maître et son élève sans s'oublier lui-même, il entend bien ne pas perdre les profits de son dévoûment et de son esprit. Pour soutenir les combinaisons variées de sa politique, il a déployé des ressources d'intelligence dont notre essai n'a pu donner qu'un faible aperçu. Il faudrait lire la correspondance entière, se placer avec lui au centre des opérations qu'il dirige, et voir à l'œuvre, au milieu des difficultés et des écueils, sur le terrain mouvant des intrigues diplomatiques et des cabales de l'intérieur, cet esprit net, décidé, nerveux et souple, d'une activité qui prévoit tout et fait face à tout, changeant d'expédiens sans s'écarter du but, et, malgré les transformations que lui impose le caprice des circonstances ou des hommes, invariable sur le fond même de sa pensée et toujours maître de son dessein. Tel nous l'a montré l'examen attentif de ses dépêches, tel assurément on le retrouverait, après 1718, si l'on voulait étudier en lui, non plus seulement l'ambassadeur, mais le ministre, le conducteur de l'état, et suivre dans les pièces officielles le rayonnement de son action vigilante au dedans comme au dehors. Il suffit de jeter les yeux sur quelques pages manuscrites de lui que possède la Bibliothèque nationale pour y reconnaître aussitôt les qualités qui nous ont frappé dans le diplomate : le bon sens alerte, l'abondance et la sûreté des vues, la passion de l'ordre et du travail appliqués au gouvernement de l'intérieur.

Ses contemporains n'ont pas tous, comme on le croit, fermé les yeux à son mérite ; ils ne lui ont pas tous prodigué, avec la violence de Saint-Simon, l'insulte et le mépris. A côté de la coalition des chroniqueurs ennemis dont on aperçoit vite les mobiles très différens, il y a des témoins équitables qui savent discerner le bien du mal dans ce multiple personnage et lui rendre justice. Les bourgeois de Paris, qui étaient alors bons juges en politique parce qu'ils n'aspiraient ni à gouverner ni à dominer l'état, se montrent sensibles aux bienfaits de son administration ferme et sage, et, s'ils s'égaient aux dépens de l'archevêque et du cardinal, ils applaudissent le ministre ! « Le cardinal Dubois a fait de grandes choses pour son maître, dit Marais, il a fait les traités et établi la paix avec l'étranger. Il n'aimait point les fripons ni les flatteurs. » Barbier confirme cet éloge. « Ce cardinal est d'une politique étonnante. Il ne boit ni ne joue ; il ne fait que travailler. S'il venait à mourir, ce serait une perte, car c'est un homme de beaucoup d'esprit et qui paraît se présenter de bonne grâce pour punir les coquins de tous états. » A la mort du cardinal, Barbier reproduit cette opinion et ajoute : « Il n'était pas aimé, et le petit peuple a insulté ses funérailles. On savait son impiété, c'est ce qui lui attire ces malédictions ; mais il n'a jamais fait grand mal, et il a fait du bien par ses négociations pour éviter la guerre. » Tout est là, dans ce peu de mots écrits par un contemporain judicieux et impartial : le fond indélébile de mauvaise renommée, l'impression des scandales de sa vie privée ou publique, le sentiment vrai des talens du négociateur et du ministre. Aujourd'hui les plus solides conclusions de l'histoire ne diffèrent pas essentiellement de cette brève et simple appréciation. Il n'est donc pas impossible à un homme d'état d'être jugé selon ses mérites, et cela de son vivant : le difficile pour lui, c'est de bien connaître ce sentiment juste et sincère, et d'y chercher une lumière et une force.

CHARLES AUBERTIN.